媒体运营 与 文化传播研究

◎ 曾 怡 著

中国原子能出版社

图书在版编目（CIP）数据

媒体运营与文化传播研究 / 曾怡著 . -- 北京 ： 中
国原子能出版社， 2021. 12
ISBN 978-7-5221-1620-4

Ⅰ．①媒… Ⅱ．①曾… Ⅲ．①传播媒介－运营管理
Ⅳ．① G206. 2

中国版本图书馆 CIP 数据核字（2021）第 195653 号

媒体运营与文化传播研究

出版发行	中国原子能出版社（北京市海淀区阜成路 43 号　100048）	
责任编辑	徐　明	
责任印制	赵　明	
印　刷	天津和萱印刷有限公司	
经　销	全国新华书店	
开　本	787 mm×1092 mm　　　1/16	
印　张	11. 25	
字　数	205 千字	
版　次	2023 年 1 月第 1 版　　　2023 年 1 月第 1 次印刷	
书　号	ISBN 978-7-5221-1620-4　　　**定　价** 40. 00 元	

前　言

　　随着技术的进步、互联网的普及、智能终端的高速发展，新媒体时代已然到来，媒体规则也发生了改变，人们接收信息的方式和思维模式也截然不同了。2020 年春节，新型冠状病毒作为不速之客打破了节日的欢乐和祥和，关于病毒的各类新闻、视频铺天盖地，人们意识到了这次疫情和 SARS 相比，传播速度更惊人。人们掌握的信息几乎是第一时间的，比看电视更直接、更迅速，这也得益于新媒体发展。因此，当代新媒体运营不应该仅着眼于形式、技巧和平台，而应该着眼于规律，善于把握本质规律，以运营人的思维和习惯辅以网络人的行为特性，找准定位抓准着力点，从而让新媒体运营不再成为难点。

　　全书共七章。第一章为绪论，主要阐述了新媒体的前世今生、新媒体的核心理念、新媒体带来的变革、新媒体的未来趋势、新媒体对文化传播的贡献等内容；第二章为新媒体的文化意义，主要阐述了技术与文化的融合和新媒体的社会化影响等内容；第三章为新媒体视野下的传播受众，主要阐述了受众与受众特征、新媒体时代受众的需求、新媒体视野下大众文化传播的受众等内容；第四章为大数据时代新媒体的内容运营，主要阐述了新媒体的内容运营、大数据改变新媒体的内容生产、大数据改变新媒体的内容运营等内容；第五章为新媒体运营模式的全方位解读，主要阐述了新媒体运营策略、自媒体运营策略、新闻 APP 运营策略、"新媒体＋企业"运营策略等内容；第六章为新媒体时代传统媒体的战略转型，主要阐述了新媒体时代传统媒体的战略转型、大数据时代传统媒体的创新与变革等内容；第七章为新媒体时代文化传播的路径探讨，主要阐述了新媒体与文化传播的关系、新媒体对文化传播的影响、新媒体时代世界主要文化思潮、新媒体时代文化传播的策略探讨等内容。

为了确保研究内容的丰富性和多样性，在写作过程中参考了大量理论与研究文献，在此向涉及的专家学者们表示衷心的感谢。

最后，限于作者水平有不足，加之时间仓促，本书难免存在一些疏漏，在此，恳请同行专家和读者朋友批评指正！

作　者

2021 年 1 月

目录

第一章　绪论

任何事物的产生、发展以及消亡都有其自身的特点和发展规律。新媒体作为一种新兴事物，也是客观事物的具体形态。在研究新媒体之前，就必须先认识什么是新媒体，从新媒体的起源开始了解，在此基础之上，才能够充分认识到什么是新媒体。本章分为新媒体的前世今生、新媒体的核心理念、新媒体带来的变革、新媒体的未来趋势、新媒体对文化传播的贡献五部分。主要内容包括：新媒体的定义、新媒体产生的基础、新媒体发展的进程、新媒体的发展现状、新媒体的特点等方面。

第一节　新媒体的前世今生

一、新媒体的出现

新媒体的概念，目前还没有一个获得公认的、准确的定义，在网上可以查到的资料中，对新媒体的定义有十几种之多，而这些定义大多都是各个领域对新媒体的理解，比如新传媒产业联盟秘书长王斌："新媒体是以数字信息技术为基础，以互动传播为特点、具有创新形态的媒体。"联合国教科文组织对新媒体下的定义："以数字技术为基础，以网络为载体进行信息传播的媒介"。概括说来，所谓新媒体，指的是在数字化信息技术时代，在新的技术主导下应运而生的一种全新的媒体形态，并迅速在全球席卷开来，对人们的衣、食、住、行产生了深刻的影响。

从技术角度而言，有学者指出新媒体是在新的技术手段体系支撑下出现的媒体形式，如数字媒体、以移动网络为载体的媒介、互动式触摸媒体等；也有学者从新旧区分的角度指出相对于传统的报纸、杂志、广播、电视四大媒体而出现的"第五媒体"；还有人认为，新媒体是一个较为宽泛的概念，涵盖了所有的数字化的媒体形式，比如数字化的传统媒体[1]。

技术在传播媒介转变和新媒体的崛起中起着至关重要的基础和核心作用，比如说在人人都能接触到的虚拟金融方面，以此为发展的缩影。在线上、线下融合发展成为大趋势的背景之下，不少传统企业家开始主动接触、接受互联网的思维模式，不少传统媒介开始反思、承认互联网给新媒体行业发展带来的颠覆性的变化。对于手机移动支付带来的支付便捷，大数据和云计算技术为带来的精确进货、成本控制和对消费者的更有针对性的销售促动能力，以及分钟级物流配送带来的订货增加都有了更多了解和认识。现在，越拉越多的传媒行业从业者已经认识到，新技术是新媒体的基础，而以新技术为支撑的传统媒介与新媒体的深度融合是顺应时代技术潮流的传媒业发展的必由之路。

新媒体的技术路径仍处在不断探索之中，但技术使新媒体获得强大的发展前景已经充分说明，要将技术的发展作为促动新媒体发展的动力源泉，只有这样，才能不断为微信媒介的发展注入新的活力。

比如，新媒体利用互联网技术或者移动互联网技术，实现在线或者手机移动终端购物，消费者可以快速地实现线上海量商品搜索，但是，目前消费者可以实现的搜索方式仍是有限的，虽然商品名称、价格、发货区域、商家信誉、销售额排行等搜索条件已经可以实现比较精确的商品搜索了，但由于商品信息的来源是海量的，所以消费者在经过了这些限制条件的搜索之后，还是要进行大量对待选商品的审视，这要消耗大量的时间和精力，严重影响了购物体验。未来的商品搜索可以让消费者几乎无限制地自我定义筛选条件，这可以使消费者以最快的时间、最高的效率找到自己想要的商品，不仅大幅改善了消费者的购物体验，而且也以效率提高的方式，实现了对于消费的促动。

又比如，新媒体对于大数据的搜集、处理能力在商业领域的充分利用是其营销能力的重要因素。在电商时代，消费者对商品搜索的内容、频次，对于商品在线浏览的时间，搜索同类商品的频次以及对于哪些推送商品信息给予和回应等，所有这些都是大数据的来源和对消费者进行精确商品信息推送的依据。在新媒体时代，由于传播内容出现了深度融合和大数据搜索、储存和处理能力的极大提升，大数据的来源不再仅是关注于消费者在线上浏览了哪些内容这一个方面，消费者在与线上融合的线下消费行为也成了大数据的来源，对所有这些信息的分析，可以对消费者的消费偏好有更加精准的定位。未来新媒体的大数据搜集，可以将人脸识别技术植入实体店大数据手机的终端，让消费者进店后的最快时间内即可自动开始对于消费者商业大数据的搜集。在得到更多的大

[1]　张基温，张展赫. 新媒体导论 [M]. 北京：清华大学出版社，2017.

数据之后,对于大数据的处理也更为细致。

比如,可以对消费者在实体店选购商品的同时在线上搜索了哪些商品的信息进行分析,以得到消费者在现实寻觅商品行为的过程中关注的是哪些方面因素消费者是在网上搜索同列商品的不同款式,还是搜索不同厂家的相同商品以比较价格和质量等,通过这些分析,不仅可以得到消费者的消费偏好,而且还可以精准定位消费者属于冲动消费、理性消费还是被动消费等消费类型。在此基础上,将消费者的消费偏好和他的消费行为模式相结合,以实现对他进行更有针对性的商品推送。

再比如,物流数字化也是新媒体的一个技术优势[2]。现在,物流信息已经可以阶段性地被跟踪。将对于物流信息的跟踪做得更细化,实现物流信息的实时定位跟踪,并且可以结合电子定位和对消费者在同一地点的逗留时间和频次的分析,对于在什么时段该消费者在什么位置的可能性进行推算,并相应进行货物送达的预先通知。同时,物流也可以进行大数据的搜集和处理,在此基础上,针对消费者经常消费的价格段的物流费用,进行有针对性的物流费用减免优惠的信息推送,这既可以通过减低消费者对于物流费用的投入实现对其消费能力的深度开发,也可以实现引导消费者使用更高效、完备,但价格相对较高的物流服务项目。

新媒体在不断升级的过程中,需要更多的技术创新,需要更强大的技术支撑。在出现了新媒体之后,新型的消费方式与消费者见面了,这种用消费缩短、消费效率提高而消费品质又能得到保证的新型消费模式,不但引起了消费者极大好奇,而且也开启了将新媒体更深层次地与服务行业相结合的广阔前景。这不仅让广大消费者明白,新媒体并不是一个吸引消费者的噱头,而且也让大量的服务行业看到了在新技术支撑下拓展业务新的可能性。

二、新媒体的发展历程

由于新媒体的发展主要是依托于数字技术、通信技术与网络技术的不断发展,也可以理解为新媒体的发展历程是伴随着数据通信与移动通信的发展。初期,互联网这种传播媒介在中国并没有得到重视,人们甚至不知道该怎么称呼它,更不知道此时的互联网是作为网络媒体的新兴媒体,甚至就连在国内最开始使用网络媒体形式的一些纸媒对其概念都是一知半解,没有创新和改变,也未把互联网视为独立的新兴媒体。

随着互联网超强传播力的显现,国内外学界、媒体界将互联网最开始认为

[2] 魏玲玲.新媒体时代下的物流管理创新研究[J].物流工程与管理,2021,43(01):59-61.

是第五种大众传媒。总体来说，中国对于互联网的认识经历了三个阶段，即"电子媒体""第四媒体""网络媒体"。电子媒体时期认为它是纸媒的另一种形式，如人们所说的"电子报"；"第四媒体"是相对于传统媒体和纸媒而言，认为它是纸媒和电视等传统媒体之后的一种媒体形式；"网络媒体"是一种更贴切的说法，更容易理解，也更容易使人接受。中国对于互联网的认识速度是非常快的，从1998年提出"第四媒体"的称号再到2001年提出更准确的"网络媒体"的说法，这种认识前后只有三年时间，中国对于互联网的认识在不断加深，逐步走出自己的特色。

除此之外，互联网形式的媒介发展在中国的发展速度也是极快的，它超越各种发展的障碍，在短短六年之内就发展到了网络媒体。美国学者曾定义"大众媒体"，是某一种媒介形式的使用人数超过百分之二十就可以称这种媒介为"大众媒体"。"网络媒体"在美国成为"大众媒体"只用了5年。据CNNIC发布的第23次《中国互联网络发展状况统计报告》显示，2008年中国的网民普及率就已经超过22%，总人数接近3亿。从1994年互联网进入我国到2008年互联网成为我国的"大众媒体"用了14年的时间。在中国用了14年时间，是因为中国自身特殊的国情，比如人口众多、经济发展水平比不上发达国家、互联网技术发展的条件受限制等，但是14年的时间已经是一种质的飞跃。从这些数据可以看出，中国的互联网行业有着很广阔的发展前景，自从"网络媒体"这一说法提出以来，互联网的发展已经提高到国家发展战略的高度，不仅民间企业重视，党和政府也积极响应，开始意识到它作为一种新兴的媒体对中国媒体的发展有着重要意义，也是因为这种重视，"网络媒体"在中国的发展速度惊人。但是，真正让人们意识到它的巨大影响力和作用的还是2008年，通过"网络媒体"，我国对汶川地震、北京奥运会等重大事件有了更广泛的传播渠道和影响力，此时开始，它的作用在我们的日常信息传播、信息交流中已不可替代。《数字中国发展报告（2020年）》显示，截至2020年底网民规模增长到9.89亿。

概括说来，新媒体从1994年互联网进入中国以来，新媒体在中国发展的历程大致可分为四个阶段：最初的阶段是1994—1998年，这个时候，互联网在中国刚刚起步，是起步阶段。接下来是开始发展阶段，也就是1999—2004年，各种门户网站的兴起，这一阶段奠定了网络媒体的地位，可以称为Web1.0。第三阶段是2005—2009年，Web2.0阶段，以博客、播客为代表，这一阶段造就了自媒体的迅速发展。目前是第四阶段，这一个阶段就是以腾讯企业为代表的各种社交软件和客户端的兴起与普及，发展是从2010年至今，新媒体的地位进一步加强，这一阶段造就了社会化媒体和媒体社会化的发展。如今随着互联网技术的更新，人们所接触的互联网也发生了巨大的变化，各种新的说沄也开始出现，比如"大数据时代""云计算时代"等，以微博、微信、微视频、移动客户端等为代表。

三、新媒体的发展现状

（一）新媒体受众面越来越大

在当下新媒体盛行的大环境下，相对于旧时的信息传播形式，新媒体在时空、传播效率以及载体上，都有了翻天覆地的变化和革新。大量信息负载在软件和互联网上，能在极短的时间内迅速传达给万千受众，表现出前所未有的即时性；人们能在以分钟甚至是秒为单位的时间范围内轻松接收到各类资源信息，再以更加迅速的方式传送给身边人；新媒体传播的独特之处还体现在，信息的形式是多样化的。信息可以是音频、视频、图像、文本等形式，受众不仅可以随时随地通过媒介搜索和接收信息，同样也能主动利用新媒体实时发布信息。

随着社会的进步，新媒体时代下人们的生活是被信息技术环绕的，而新媒体传播技术基于网络和手机的普及有了前所未有的发展。这极大地推进了社会的发展，促进了个人与社会的联系。尽管有部分出生于 20 世纪末和 21 世纪初的青少年不曾养成过阅读报刊这类媒体的习惯，他们却是最熟悉新媒体传播的一代。

随着受众面的扩充，新媒体用户素质也有待提高，当下网络环境始终散布着一些粗言鄙语、庸俗信息或不雅内容，大众在网络环境下通常对行为规范缺乏自觉意识，常常发生侵犯他人权利等网络暴力行为。因为相关的法律法规体系始终得不到有效的完善，使得很多新媒体用户钻法律的空子来散播不良信息，或者进行恶意炒作[3]。在使用基于互联网技术的新媒体过程中，一些法律意识缺失的新媒体用户在不自觉的情况下，任意公开公民及其家属的个人信息，这样的行为对他人人身造成难以想象的伤害，因此许多新媒体用户的素质和法律意识急需提高。

有部分新媒体用户过于沉溺于网络带给他们的快感，以至于常常分不清网络与现实的界线。对于很大一批新媒体用户来说，他们所处的网络空间与现实中所生活的世界并不属于同一个维度。在他们看来，在网络这样一个虚拟的世界，许多现实生活中并不能够实现的事情在一定程度上有了成真的可能。这样的想法就使得他们不能很好地把控自己，以至于做出一些出格的行为甚至造成一定

---

[3] 付征. 关于交通运输行政管理问题的思考 [J]. 人民交通，2019（01）：64-65.

的负面影响。

每个使用基于网络技术的新媒体用户都应该清楚地认识到，科技的发达使得网络与我们的生活越来越密不可分，每个使用者都需要进一步强化网络世界的责任意识，要明确网络虽然是虚拟的，但也充斥在现实生活的方方面面，要学会对自己的行为负责任，这样才能建立一个更有序更干净的网络环境。

（二）新媒体技术日趋成熟

技术是推动新媒体发展的首要条件，作为一种新的媒介形式，新媒体的发展必须以强大的互联网技术为支撑。无论是国外还是国内，互联网技术的发展推动了新媒体的创新发展，通过互联网技术不断发展，并经过测试进行新的应用。

科技的进步和经济的发展促使各式各样互联网技术突破性发展，在这些突破性发展中，移动互联网和云计算的势头最为猛烈，互联网技术的快速发展自然也会带动相关产业的进步，其他与互联网相关的产业也在快速发展。最近几年也迅速呈现出移动用户的迅猛增加，说明科学技术已经融入并改变人们的生活。一些产业，譬如金融行业、娱乐行业、通信工程也理所当然地被带动发展。为了实现互联网技术促进经济发展，经济反哺互联网技术，推动互联网行业稳定快速发展，展望其发展趋势有以下几个方面。

第一，智能搜索让网络用户更加方便快捷。首先，搜索技术能够非常智能地直接分析用户的用意；其次，当用户搜索时更全面显示出结果供用户选择；最后，智能搜索在用户打开搜索引擎并搜索后，能够直接给出用户希望得到的结果。

第二，把数据的处理通过计算机集群的方式进行处理速度的提升。所谓的计算机集群，顾名思义，是和普通的个人计算机不同的，是由特殊服务器构成的，通过数据处理中心进行管理，所有的数据都储存在一起，当用户搜索信息时，中转站就会整理自己所储存的数据，从而向用户传输其所搜索的资源数据。云计算中的"云"就是超级电脑，进入云端以后，互不干扰的平行计算使得应用程序能够在不一样的硬件上面运算，从而让应用服务和硬件设施间的关系不再紧密，有利于 IT 环境的回应。

第三，IPv6 以其作为新事物的强大生命力登上网络的历史舞台。由于 IPv4 自身的缺陷，阻碍互联网的进步，IPv6 应运而生。时代在进步，技术也在进步，同样各种网络需求也不断变大，IPv4 已经不能满足需要，而 IPv6 网络地址资源数量无限，甚至可以为全世界的任何一个沙子编上网址。

另外，由于新媒体与互联网息息相关，对网络舆论的监控已经在各大网络平台开始进行，并取得了较好的效果，同时，网络环境的安全性也得到了加强。总体而言，目前新媒体发展所需的软、硬件技术，都趋于成熟。

（三）新媒体发展的政策逐步完善

互联网是影响世界的重要力量，当今世界，谁掌握了互联网，谁就掌握了新时代的主动权。2015年3月5日，李克强总理在十二届全国人大三次会议的政府工作报告中首次提出"互联网＋"行动计划；2015年7月4日，国务院印发《关于积极推进"互联网＋"行动的指导意见》。"互联网＋"行动将互联网与传统行业相结合，发挥创新驱动的力量。

2016年3月6日，十二届全国人大四次会议审查通过了《中华人民共和国国民经济和社会发展第十三个五年计划刚要》，"十三五"规划全文20篇，其中第六篇"拓展网络经济空间"从体系建设、发展以及信息安全方面对我国互联网发展进行了规划，高度重视"互联网＋"[4]。

在"互联网＋"行动计划的推动下，我国信息化进程进一步加快，新媒体在造福社会、造福人民的同时加速影响了我国的发展，我国不断加快对互联网新媒体的治理步伐，积极从网络大国迈向网络强国，发布了一系列相关方针政策。这些相关法律法规和方针战略的密集发布，体现了我国对互联网新媒体治理的重视。

党的十八大以来，以习近平同志为核心的党中央对我国互联网的建设和发展极为重视，形成了网络强国战略思想，并在实践中形成了一条有中国特色的互联网治理道路。网络强国战略思想，是习近平新时代中国特色社会主义思想的重要组成部分，是我党应用马克思主义观点对信息化提出问题的创造性回答。2018年4月20日至21日，全国网络安全和信息化会议召开，习近平总书记在会中强调了网络安全与国家安全的联系，提出要树立正确的网络安全观，同时网信事业的发展必须以人民为中心。

（四）新媒体行业的融合正在加速

20世纪的传播媒介主要是报纸、广播以及电视这些传统媒体，人民群众只能通过这些途径知晓消息，但是这些传统媒体受到时间和空间的种种限制，民众能知晓的事情也只不过是冰山一角。而现在，出现了互联网这一新事物，它的传播速度快，信息来源广泛，民众可以获取任何想知道的国内外事情，并且，凡事能在电视、广播、报纸上能获取的信息，人们在这些新兴的互联网媒体上

[4] 朱燕.电商精准扶贫——互联网＋农业背景下的扶贫新路径[J].经济研究参考，2017（16）：76-82.

都可以得到，对于这些如今轻而易举就能获得的信息，在过去是不可想象的。也正因为如此，传统媒体渐渐失去人民群众的"宠爱"，被现代新兴媒体抢占地位，市场份额也迅速下降。传统媒体要想不被时代所淘汰，只能进行改革创新，从而在理论上和实践上都能和时代相适应，适应当下媒体融合度越来越高的紧迫形势。

对于国家而言，新媒体的兴起使得国家在进行公共服务的时候，处理效率更加快速，也能够以此为人民群众带来更加高效的公共服务。对于社会而言，新媒体的兴起，使得整个社会的运作效率标高，社会创造的经济效益变多，这些都在一定程度上增加了国家的各种实力，并促进着国家和社会的进步。对于人们而言，新媒体的兴起，一方面使得人们获取信息的渠道更加广泛，在获取信息的时候能够有更加便捷的方式；另一方面，各类型媒体的兴起极大地丰富了人们的日常生活，使人们的精神水平得到提升，也提高了人们的生活水平。新媒体革命性的进步，极大地拓展了人民群众获取信息的途径和提高了信息的获取速度，并且拥有传统媒介不可比拟的优势，但是在不断实践中可以发现，新媒体的可信度上有着不可忽视的缺陷，并且就可信度来说，传统媒介具有相对更高的可信任度。

由此可见，两者各有千秋，并且不是此消彼长的关系。在 21 世纪的今天，它们都是新时代的媒体资源，应该客观看待传统媒体和新兴媒体，使两者能够取长补短，优势互补。第一步应该做的就是改变思想，使得传统媒体与新媒体可以和谐的发展，进一步实现二者的携手共进。第二步应该做的是建立资源共享，进行优势组合，互相学习借鉴。第三步是媒体变革一定要重视创新，在借鉴彼此之间优势的同时进行创新，顺应时代的进步，从而提高媒体的整体竞争力。

（五）新媒体与传统媒体整合成为常态

当前，网络的资源整合成为常态。有关机构对互联网用户行为进行过网上调研，结果显示，网络对某一品牌推广越频繁，人们对此品牌具有较高的认可度，购买可能性越大。新媒体的高速发展，信息流覆盖率高，由此衍生出众多的广告投放平台，广告平台的目的是通过自有的网络流量为广告主推广其产品或提供宣传服务，所以资源整合这条产业链就应运而生。无论是新媒体还是传统媒体，传统行业还是新兴行业，资源的整合利用能够给双方带来巨大的商机，实现互利共赢。当然，一些流量的互换都是基于管理后台对于互联网行为的精准把控，利用大数据与云计算，迅速捕捉有效用户数据，形成精准用户营销。

传统媒体的生存之路在新媒体的迅猛发展下显得有所不同。互联网的兴起对传统媒体造成了不小的打击，数字化时代下，现实的情形逼迫传统媒体必须在内容上和运营上做出改变。新媒体大潮降临后，报纸杂志发展艰难，电视行业节节败退，广播的地位遭到了颠覆般的动摇。期刊也曾试图突破现状实现革新，却遭遇了重重困难，在不久前踏入产业化方向后，仍面临着不少挑战。

新媒体冲击传统媒体已成事实，具体表现在新媒体以更为观众受用的形式抢走了传统媒的受众。传统媒体试图克服了烦琐的体制变革，产业重组等困难，跟上新媒体的步伐，但机制与功能的革新需要传播主体从主要发挥宣传功能变成为公共发言交流的平台，从平面媒体向信息内容提供者和服务商转型，这中间需要传统媒体对自身进行极大的探索和研究。目前来说，传媒行业的发展走向了碎片化，单个媒体和受众都有特定的标签，并予以区分。传统媒体下新闻的主导地位面临着挑战，传统媒体的运作和管理在数字时代里首次被质疑。因此，如何在互联网时代引导主流的舆论方向，还需研究应对之策；在当下环境里，如何实现传媒行业内的交流促进，推动传媒行业与其他行业的联动发展，还需要传媒行业政策制定者在这个问题上苦下功夫。

在媒体形式的发展规律来说，新媒体的出现并不意味着传统媒体的彻底消亡。传统媒体是否真正存在着新媒体不可取代的特征才是决定未来媒体发展的趋势，而并非拘泥于区区形式。传统媒体有着技术、体制机制、营销、品牌等特征，倘若在媒体行业内部渗透的大趋势下、瞄准机会，也能实现理想的发展。数字化时代里，也有传统媒体的一席之地，它实现了不同受众的需求都得到满足，为传统媒体创造了丰富多彩的内容形式。所以，传统媒体不应该消极对待新媒体带来的冲击，而是应当从媒介产业、商业模式的角度切入，去寻求新时代下自身的创新性发展和飞跃。

（六）新媒体网络环境氛围有待提高

新媒体作为新型的媒介形式，不可避免地会出现诸多问题。如何引导受众正确使用新媒体，是一个急需解决的严峻问题。以微博为例，作为弱关系社交平台的典型代表，超过2亿的活跃用户，使微博从低谷慢慢复苏；网红和直播的扶持，为微博带来巨大的粉丝效益。但同时需要注意的是，平台自身发展的同时难以避免一些非理想网络行为对平台用户体验的破坏，造成这种现象的原因在于平台自身监管有漏洞。实名注册度的不完善，导致部分用户利用不健康内容吸引用户，致使网络平台环境受到冲击。如低俗、负能量、暴力语言、视频等层出不穷，给网络环境添加大量污点，严重影响网络平台使用者的健康体验。

（七）新媒体发展的舆论环境更加复杂

基于网络技术的新媒体不断发展，其舆论环境更加复杂，且呈现出两面性。

1. 利

互联网具有传播内容的虚拟性和传播速度的迅速性及交互性，在真正意义上使得"天高皇帝远"成为过去。现如今，哪怕是生活在社会底层的平民百姓也可以自由利用网络传播自己的所见所闻，自由地发表对问题的看法和理解，网络媒体成了民间底层群众行使话语权的窗口。手机在人民大众之间的普及更是使新兴媒体突破时间和空间的限制，实现人与人之间的"面对面"交流。

2. 弊

新媒体所具有传播内容的虚拟性和传播速度的迅速性及交互性特点，被一部分人恶意利用，比如为了追求点击率发布虚假信息，让一些不明真相的人在未调查的情况下不负责任的相互传播，从而制造恐慌。因此会导致人们对新兴媒体的信息失去信任，也会使一些信息在传播过程中失去真实的意思，误导群众。同时，网络信息传播的速度远远超过一些官方消息，这样就会让恶意造谣生事者有充足的时间制造并传播虚假信息。网络诈骗的此起彼伏都得益于网络的快速传播。而且，人与人之间隔着屏幕，降低了人的道德底线，说话不负责任，客观上促进了民众不正当使用新媒体。

（八）网络媒体的权威性和可信度不高

信息资源的数量得到了绝对的增长，这是新媒体传播实现发展的明显标志之一。国外的相关研究者表示，全体人类积累的信息总量将达到现有的100万倍，将不是天方夜谭，而是真可以在未来70年内得到实现。新媒体的应用使信息发布的门槛降低，一方面加快了信息的传播量和传播速度，另一方面，也造成了部分信息发布者为博人眼球而散布不实消息，对社会造成负面影响。2011年春天，日本发生地震，五天后，国内一些民众上演了一场哄抢食用盐的闹剧，随后警方追查到虚假信息的散布者，依法对其实施了处罚。

2010年，网传山西省部分地区将有地震来袭，消息在网上一经传播，所在区域上百万的居民开始四处"逃难"，同时山西省地震官方网站也陷入瘫痪。在互联网环境中，一些具有网络号召力的信息发布者，基于积累的粉丝和资源，利用网络高效率的传播，传播不实信息以谋私利，误导万千网民，造成了极其不良的社会影响。

（九）新媒体发展的体制机制不完善

从管理的角度来说，传统媒介所承载的模式对内容有很强的把控力，媒体的运行必须获取行政的认可，而内容的发表必须接受一层一层的检验，传播的方式就是简单的"我说你听"。然而，对于新型媒介传播的经管来说，对新型媒介传播的把控常着重于运营层面的管制，对于用户却很少有约束，每个人都是发布者，每个人都是主持人，每个人都是记录者，在这样一种传播生态里面，就使得庞大的信息群蜂拥而至，并在没有接受任何审查时被发送，监管系统对其把控就非常困难。从管理人员的角度来说，越是高层的管理人员越在很大程度上来自过去的传统媒体管理人员，使用的还是过去管理的思维方式，针对当下的新媒体知识与科技的观念尚未刷新，针对网络的发展、网络的传媒手段以及传媒性质都没有系统的知识储备，因此在对于新型网络媒介传播的监管上依然承袭的是过去的监管形式。从管理体制的角度来说，针对新型网络媒介传播的监管触及多方部门甚至多个网络运营企业，监管职责交互且不集中，在进行现实性监管的过程中若想完成合作就非常困难。

第二节 新媒体的核心理念

一、新媒体的特点

（一）数字化

以网络媒体为主要代表，数字化是新媒体最基本的特征。数字化例如图片、视频、音频等在计算机中通过"0"和"1"组合数字信号将这些可以进行统一处理，就可以高效地将复杂多变的信息快速、完整、清晰显示出来。信息的传递因此变得更加方便快捷，传播媒介的形式也发生了技术性变革，大众传播与人际交流领域更大。

（二）扁平化

新媒体的出现使得不同物体都具有相同的作用和功效，信息的传输不再仅限于中心化，只能靠信息源发布讯息，受众别动接受。扁平化的新媒体环境下不同地区的人，在发布信息和接受信息上拥有同等的机会，可以随时自由地按照相同的规则，掌握和处理信息资源，且人们之间的合作与竞争也会因为获取信息的机会相同而变大。

（三）集成化

新媒体发展的一个典型特征。从互联网的普及开始，人们从利用宽带上网到无线上网，从固定终端到移动终端，从 2G 网络到 4G 网络 [5]。在新媒体终端的发展过程中可以看到，新媒体终端在不断地向集成化发展，现在的媒体工具除了拥有以前单一的使用功能之外还具有其他的延伸功能。例如电脑和手机，传统的互联网只能通过电子计算机处理和转换信息，传输和接受信息资源。只能通过电子计算机连接互联网，在计算机上娱乐、看电视、玩游戏。而现在新媒体集成化发展，手机不再是单纯地只能用来打电话，发送短信，手机逐步取代电子计算机，移动终端集成化的发展方向是新媒体的必经之路。

（四）个性化

个性化是指人们在使用新媒体交流联系的时候，会利用新媒体提供特别有针对性的需求服务。传统的媒体向受众定向传播信息没有太大的针对性，接受信息的都是无差异的普通大众，且传播的内容相对单调乏味。新媒体的出现将信息碎片化有针对性地传播给有需要的受众，新媒体环境下，受众被细分为不同类型、不同级别。信息的制作者和发送者可以针对自己的受众来进行定向传播信息，成为专业化的服务，可供受众参考和选择。信息的接收者可以根据自己的需要来选择是否接受某一方面的信息传播，且受众可以根据自己的兴趣和需要来安排信息接受的时间和方法。例如微博、微信，能够在受众关注过感兴趣的服务性公众号可以找到自己感兴趣的有用信息，也可以自由规避其他无用的信息，并选择是否参与互动交流，且信息交流的方式和内容也在不断地个性化发展，信息传递的接受方可以采用多种方式进行信息的传递，自由交流。

（五）互动性

相较于传统媒体的互动性严重滞后或不具备互动性，新媒体在互动性上具有巨大优势。传统媒体不论是纸媒还是电视都无法满足社会受众对于互动交流的渴望。传统媒体想要了解社会大众对于社会热点事件的想法，对于所创栏目的支持程度，必须通过其他额外附加的渠道加以反馈，这些渠道不论是书信方式还是电话方式，都具有一定的局限性尤其是时间上的滞后性。

如对热点事件的调查，由于热点本身就具有时效性，往往当传统媒体收到反馈信息后，热点事件早就已经成为过去式。而新媒体的出现，彻底解决这一问题，例如"腾讯新闻"APP 在每一条新闻后都设有"评一下"读者留言的探

[5] 钱玉民，宋黎. 手机电视／移动多媒体发展现状与专项技术研究 [M]. 北京：中国计量出版社，2010.

讨板块，优酷视频下方的评论区，微信公众号设有即时聊天对话框等，这些都能让编辑在第一时间与不同的受众用最便捷、最低能耗的方式进行最有效的沟通和相互回应。如今，一些政府部门也开设了如微信公众号中的新媒体窗口，以便能让这些政府部门更好地了解民意，从而做出最有效的政策决策。新媒体的互动性是传统媒体所远远不足的。

（六）共享性

新媒体提供的交流平台让每个网民都可以及时获取知识和讯息，线上线下的信息资源可以通过数字科技进行保存，人们可以充分共享自身的知识或者获得他人信息资源。

（七）大众性

我们所谈到的大众性具有两方面的含义，一是新媒体在操作上具有大众性。新媒体之所以能够迅速占领传媒市场，是因为它在操作使用上十分的简单。新媒体的载体代表之一的智能手机已经被称为"移动的电脑"，而它的操作简单是公认的，随着音频技术的发展和智能手机客户端功能的优化，甚至在不认识字的情况下我们也可以依托语音功能实现无障碍的文化交流和文化传播。新媒体正是借助于操作简单而拥有了广泛的市场，受到广大群众的喜爱。二是文化传播内容的大众性。新媒体的出现让文化交流变得大众化，人们的发言并不受文化程度、阶级以及学历的制约，从而新媒体所传播的文化内容领域更广，更具有大众性。

（八）及时性

现在，科技成果已经覆盖到人们衣食住行等各个方面，信息传播方面亦是如此，信息更迭的快速化改变了人们的生活频率，对于信息接收及时性的要求也在不断提高。而传统媒体受到时间、空间等诸多方面不可抗拒因素的影响和制约，已经越来越不能满足人们对于信息及时性的渴望。

例如，传统的纸媒受到地域、时间以及报纸版面和印刷等因素的影响，故而受众接收的信息量、信息传播的区域、信息传送的时间和速度也都因之受到很大制约。再如传统的电视媒体虽然相较于传统的纸媒来说已经有了巨大的进步，有了视频画面效果，但即便如此，即使是传统电视直播，传统电视媒体也仍然经受到时间、环境以及场所等因素的影响，也就依然无法满足人们及时接受信息的诉求。

新媒体的出现，可以说基本上解决了这一问题，尤其是手机移动媒体中的各种直播平台的出现，让人们接收信息的及时性得到彻底的满足，而且不管是使用的简单程度、携带的便利性还是价格上都是广大社会群体所乐意接受的。信息传播的及时性是新媒体相较于传统媒体的一大优势。

（九）开放性

例如 API（应用程序接口）开放，从计算机应用软件的使用到手机应用软件的丰富，应用程序接口的开放性让很多应用程序的开发者看到机会。无论是网站建设还是应用软件的开发，都变成了十分开放的平台，网络用户之间的聚合度得到很大的提高，第三方应用程序的出现得到大众的追捧，其使用率空前巨大。类似于微博、微信等手机应用软件的开发给程序软件行业带来了巨大的影响，新媒体的开放性将线上线下的生活融合在一起构造了一个大型的开放性数据交流平台。

（十）超媒体性

新媒体将传统媒介的单一传播模式通过数字化平台把"文字、图片、视频、音频等"多种媒介形式整合到一起在新媒体领域形成了超级媒体的传播形态。例如微信，微信的产生是集社交、广告、商业、经济于一体的复合式传播新媒体，无论是人际间的交流沟通还是商业上的经济往来都可以通过微信借助这种多媒介传播模式对用户产生影响。

二、新媒体的类型

（一）互联网新媒体

互联网新媒体顾名思义，跟互联网络相结合，将文本、声音、图片、视频等信息资源作为内容来传播的一种数字化、多媒体的传播媒介。互联网络从最初的小范围传播媒介发展到现在，已经逐渐成熟，宽带的使用覆盖面越来越广，互联网成了一种能够高速、有效传播信息的新媒介形式。其中，有几项是互联网新媒体最典型的传播媒介。

QQ（IM 即时通信），一种终端服务系统，人们可以通过互联网络，在 QQ 上进行聊天、交流、文件传输等，不管交流的双方是否同时在线都可以收发信息。伴随科学技术的更新发展，如今甚至可以在线办公，处理公务，办理生活各项业务等。

BBS（电子公告板），一种在线服务系统。人们可以通过网络在线进入相关的 BBS，将自己需要公告的讯息通过这个公共平台发表出来，以便其他需要的人进行信息的收集和交流，人们可以根据某一个问题充分的讨论和交流，发表自己的意见。

（二）移动终端新媒体

移动终端新媒体也是通信工具的一种，例如手机、平板和笔记本等。相比于互联网新媒体，移动终端新媒体被称作为"第五媒体"，它是将连线电脑变成了快捷、方便、实用的可移动媒体工具。移动终端媒体的出现在信息传播和人际沟通的方式上发生了前所未有的变革，它借助移动通信技术，给人们的生活带来了很大的便利。微博就是移动终端技术最开始也是最成功的一种传播媒介，也是将博客简化、变革的一种新型传播媒介。用户可以使用微博搜索了解到各种领域的知识，其覆盖面极其广泛，信息的收发也是瞬间就可以完成的，它将个人作为交流的中心，任何人都可以看到你发布的信息并且能及时互动。微信是比微博功能更加强大的聊天工具，也是移动终端的一种，用户可以通过微信随时随地进行人际交流和沟通，也可以及时有效上网查询信息，更能够享受很多生活上的在线服务，是一款超媒体、高效性、互动性十分丰富的新媒介，极大地满足了人们日益增长的对美好生活向往的需要，更有力推动了社会的发展进步。

（三）数字电视新媒体

数字电视新媒体（DTV）是利用数字化科学技术，在传统媒体电视传播的基础上通过数字形式将节目信号记录、传播和显示出来。数字电视所呈现出来的功能远远超过传统电视，数字电视呈现出来的画质非常清晰，观赏效果极佳，且除了正在直播的电视节目，数字电视可以任意选择购买过的电视节目，不受时间的限制，不用担心同一时间播放的信息会错过。数字电视给予了观众更好、更舒适的观影体验，也可以通过网络与电视节目进行实时互动，是传播公共知识的一项重要工具。

三、新媒体的理念

理念就是客观事物在人脑海中具有客观性、概括性的表象。新媒体理念也就是人们在面对新媒体传播的大环境下，所传播的信息、图像、语言等在人脑海中的客观表象。同时，理念作为人理性思考下的生产物，同时也对人的主观行为产生着反映，这种行为又会成为对于客观事物改造的力量。对于新媒体来说，树立正确的理念及引导现有的新媒体理念，是刻不容缓的。

（一）符号理念

在当前移动互联网快速发展的背景下，图像的象征性作用得到了进一步的体现。"没有形象，没有社交"是当前移动互联网社交互动的真实写照。包括流行的互动媒体微信、微博等，都具有表情聊天，照片评论等功能。图像传播在社交网络中的作用日益突出，新的符号文本"表情包"已经出现。符号传递过程有三种不同的含义：发件人（意图含义）、符号信息（文字含义）、收件人（解释含义）。作为视觉符号的不同形式，图像在传播效果方面优于文本。简单的文本交流受到诸如沟通者和观众文化修养等因素的影响。在新媒体时代，用户是内容的制作者，具有非常清晰和主观色彩的表情包已经成为这些用户构建自我话语和形成群体身份的标志[6]。他们活跃于所有主要的在线社交平台，主要力量是90后、00后的群体。他们强调自我表达，热衷于以网络、简洁和强有力的方式表达自己并参与社会问题。有着浓厚主观色彩。网络语言，图片和在线表达已经成为他们构建自我话语权力和形成群体身份的象征。有学者指出，这些符号的使用者实际上构建了一种尚未被主流文化处理的"自然"基层文化。意义的解释是符号的最终实现，但它也意味着新符号过程的开始。

米德在符号互动理论中提出，人与人之间的相互作用是由"符号"及其意义引发的，双方都积极响应信息传递[7]。在这个意义上，虚拟社交聊天中常见的网络表情符号是现实生活中人与人之间相互作用的神态、行为等抽象因素或特定方式的表达。

苏联学者齐斯曾经提到过艺术符号这个概念，他认为艺术符号与科学符号有着相似之处，但是作用却大不一样，艺术符号是由艺术符号外壳以及艺术符号内容构成的有机体，是由形式来反映内容，用什么样的符号并不重要，重要的是这个符号能在欣赏者的脑海中形成一条快速的链接，而后能产生一些思想以及情感，科学符号并没有这么复杂，它的存在就是代表着一个准确的数值或者人类依旧未知的数字。与艺术符号相似，在新媒体理念中的符号文化也是无数符号外壳以及其符号内容所统一的体系，不同的符号，在其产生过程中的编码方式不同，造成了不同符号所指的思想以及情感的差异。但是值得注意的是，这种符号所代表的内容并不是永恒以及唯一的，每当美学实践处在不一样的历史阶段时，新媒体环境下的美学交流以及美学活动会生成新的艺术符号，新符号的艺术价值或者美学理念不一定会比之前的符号进步，但是新的符号从一定

---

[6]　吴宇燕. "FB表情包大战"中符号意义的表达与实现 [J]. 今传媒，2017，25（07）：67-68.
[7]　王瑜. 作为跨文化面具的网络表情符号分析—傅园慧"表情包"背后 [J]. 西部广播电视，2017（08）：1-2.

层面上反映着新阶段、新媒体理念与美学碰撞所产生的影响。

（二）眼球理念

眼球文化的概念是一个由某种目的引导的结果，通过视觉艺术形式将一些特定信息传运给被传达的对象，并影响接受对象的过程。它指的是具有视觉传达功能的设计，传统媒体中，如广告、杂志、报纸以及其他大众媒体，如电影、宣传栏、广告牌等传播的载体，它通过上述表达方式向公众和客户传达重要信息。视觉传达，在不断扩展的图像媒体当中，眼球和图像已经作为独立的通信手段而存在。与其他通信方式不同，它们是一种设计更完善的交流方式。

人对于现实审美世界的感受要比对艺术作品的感受更快速、更直接、更宽泛。一件艺术作品，当然在新媒体环境中博得眼球的也不都是属于艺术作品的范畴，其中包含着两方面的内容，首先是客观因素，也就是这件作品是离不开一定的社会现实的，而这种社会现实就是这件作品所反映的客观因素也就是生活，然后是主观因素，也就是作者在创作时融入这件作品当中的世界观，同时一件作品也是形式和内容的统一体，在新媒体环境下认识的过程中，接收信息的首先是人眼，也就是作品的形式对于大脑的冲击，在随后的过程中作品的内容也会逐渐通过视觉传达给大脑。与符号的意指作用不同，视觉传达过程中，作品的形式以及内容都是由作品通过媒介客观地传输给受众，而符号是通过能指来调取所指。

（三）图像理念

在新媒体环境中，图像不再局限于二维平面，而是从静态变为动态，然后拓展为三维空间。然而，新媒体技术也影响了可视化概念，通信环境和符号语义等文化方面。借助现代数字技术，图像概念可以更加多样化地呈现给观众。传播主体可以向观众提供更多或虚拟或现实的信息。这使得图像形象概念的内涵和时代特征更加丰富。移动智能终端的普及改变了视觉传播的传播方式。更多的广播媒体和更高效的通信形式对视觉传播的设计和技术提出了更高的要求。受众的视觉需要新鲜感受的刺激，新媒体时代的技术水平使其成为可能。动态信息更流畅、更连贯，空间立体视觉效果可以增加观众的融入感和体验感[8]。

图像理念，是基于视觉传达的一种新媒体理念，这种理念旨在于丰富作品的展现形式，止此来提高受众对于作品内容接受的效率以及完整度。眼球理念更重要的是用作品的光、色来吸引受众的视觉，图像理念却用更为高效或者明

---

[8]　毛志钊．浅谈新媒体环境下的视觉传达 [J]．科技资讯，2017，15（11）：250-251.

显的呈现方式来让受众形成一个符号的所指。

(四) 原创理念

之所以新媒体能够被称为新，就新在传播者应该具备的原创性。这里的原创性不同于一般意义上的个人或群体的原创性，应是一段时间内，由时代给出的新内容创造，让创新更具创新性，更具广泛意义的创新。如分众传媒作为一种具有创意的新媒体，形式上是嫁接，理念上却是原创。当时的"聚会"或与之相似的媒体都是新媒体的模式，它们要么重合，要么被复制，而这个原创是理念上创新的典范。

人与人之间的距离在新媒体时代被极大缩短，在丰富交流活动的同时，创造性的活动逐渐开始。人与动物的创造最大区别就在于人不仅仅能像动物那样按照主体的意愿进行创造，更重要的是人能够按照客体的特性和本质进行创造，这一方面在动物那里就变成了一种经过几千年进化后得出的一种"程序"。一个人如果越发提高他的创造能力，那么美的规律就在他身上发挥更大的作用，他的劳动成果就越符合他的想象，而且这种劳动成果也就越美。

新媒体环境下的原创理念，为身处新媒体环境中的每一个人都提供了展示自己的平台，鼓励着每一个个体投身于按照自己的想法来创造美的事业当中。

(五) 网络语言理念

网络流行语言是网络文化的一个重要方面，由于青年群体在服装、音乐、娱乐活动当中需要形成自己独特的风格，在网络兴起之后，以往的交流形式被网络代替，青年群体中的识别符号不再是服装等外表化的符号，而变成了以网络语言为代表的网络文化，其识别度较高，并且能够做到内容快速更新。同时青年群体精力旺盛，喜欢追求并且创造标新立异的话语风格，这也导致了网络语言文化的迅速发展，从技术层面来说，由于最早的短信交流方式，其字数的限制，也导致了人们创造一些缩写词或者短语来代替平常用语。

网络语言文化在新媒体环境当中就是充满了个性的地方，首先网络语言不是一个人或者一类人所创造的，而是由一群人根据不同的个性创造出的一个交流体系，这个体系拥有具体的个体，并且这些个体具有他们各自内在的大量特征，这些共性与个性通过网络语言文化这种特殊的新媒体理念呈现给世人，但是这种呈现的意义并不是简单地、机械地反映或者再现这些个体在生活中的种种，而是在于展现这些个体背后的规律和本质特征。

第三节　新媒体带来的变革

一、新媒体对人发展的双重效应

新媒体与人的发展关系是辩证统一的，新媒体的产生为人的发展提供了丰富的物质资源和社会的可持续推动力[9]。新媒体时代是人与社会发展所要经历的一个必然远程。新媒体包含的信息、网络、大数据、知识经济等一系列现代化媒体科技，都是随着社会科技的不断发展而被人类创造出来的社会新形态。两者相互独立却又相互衣赖，最后交叉融合深入到社会的各个方面。人的发展程度又拓宽了新媒体技术的发展空间，人的发展给新媒体的发展输送了大量的技术性、创造性人才，人的知识和智慧推动了科学技术的进步，加速了新媒体的快速发展。

基于计算机、网络和通信等新媒体技术的飞速发展，人类社会进入全面数字化、信息化时代，社会生产力高速发展，生产效率大步提升。新媒体环境为人们解放自己，超越自己，建立良好的社会关系，提供了多样化渠道和丰富的物质基础，同时也给人类的生存发展带来了很多问题和挑战。

（一）新媒体对人发展的促进作用

1.提高了人的主体性地位

人作为认识世界和改造世界的实践主体，在社会实践活动中拥有自主性、能动性和创造性。人能够不断地发展、适应和创新，通过改造自然以提供适合人自身生存和发展的环境。新媒体的出现，人们在知识信息更加透明、知识内容更加丰富的环境下，个人在不同的知识领域能力、个性得到充分的发扬，其思想、行为越来越自主化。被物化的人开始从物质的追求上转向精神需求，他们更加渴求个性和自由。每个人都可以在新媒体创造出来的虚拟环境充分展现自我、表达自我，为自己做主，重视以自身的全面自由发展为目标来从事实践活动。

新媒体作为一个具有创新形态，以新兴技术为基础的，能够让所有交流者在同一时间不同地或进行个性化互动传播的动态媒体，突破了自然的限制，开创了一个"我"的新时代，极大地提高了人的主体性地位。人是认知的主体，

---

[9]　解学芳．基于科技创新的文化产业发展脉络研究[J]．科技进步与对策，2008（11）：88-90.

新媒体环境下每个人都可以成为时间的主人，通过新媒体环境下接收信息的及时有效传播，做信息、知识的主人。人们可以通过筛选、甄别去主动了解有价值的信息，也可以自己建立门户网站去发布个人信息，作为信息的传播者，在全球范围内实现资源共享。新媒体营造了丰富的虚拟世界，并将现实生活融入其中，人们可以自主地去选择与他人交流的方式，充分地体现了人的主体性地位。逻辑思维的创始人"罗胖"，通过建立微信公众号平台将自己的思想与公众分享，他以"我"为主，每天定时定点为大家推送一个思想观念，以此获得了几百万的粉丝。他将价值观相投的人们聚集起来，在新媒体创造的一个虚拟环境中创造了一个网络化的社会组织，他可以利用这个环境不断地产生行为活动证明自己的存在且发挥自身的影响，带着强烈的自"我"色彩。

2. 促进人的综合素质发展

人的综合素质是指人在社会生活中的各个方面的认知和实践能力，它包括了人对于世界的认知理解，个人的情感、价值追求、思想层面、智力和体力等。要促进人综合素质的发展就需要不断地提高人的认识能力和实践能力。新媒体的出现给人的能力发展提供了丰富的资源条件。

（1）提升人的实践能力。

新媒体时代生产方式的变革，互联网的诞生，科学技术的进步，令人们的生产活动时间大大降低，效率提高。在同等的劳动时间里，人们可以生产出比以前多无数倍的产品，人们不用再为了维持基本的生活而花费所有的时间，人们对休闲时光的利用要求越来越高，生活品质不断提升。所以，社会生产力水平的提高会减少生产物质资料所需的时间，人们就更加自由，拥有的个人空间就更多一些。人们从体力劳动的栓结中得到了解放，就会让社会分工愈加明显，对人的能力要求就会更高。人们需要不断地完善自身以从事自己的社会职能，在不同的领域创造出更多的价值，这样社会财富就会得到极大的丰盈，人的实践能力就会不断地提高。新媒体技术拓宽了实践活动的范围和对象，它创造出来的虚拟环境可以充分高仿现实环境，人们可以大量节约时间，灵活、自主从事实践活动。

（2）提高人的认识能力。

随着科技发展日新月异，新媒体的多样化发展将丰富的平台和广泛的空间提供给了人们，让人们足不出户就能对世界各地的新闻资讯加以了解。通过应用新媒体，可以使人们的认知能力得到不断刷新，不仅包括掌握新兴技术的能力，而且还包括接收和处理信息的能力。新媒体不仅打破了时空的梗结，而且还拓宽了人们学习的渠道，能够实现随时随地学习。利用互联网，人们能够在网络上通过视频、音频或者文档 PPT 在线学习文化知识。一方面提高了人的学习能力，另一方面也提高了人的认知水平，使人的求知欲得到了最大限度的满足，而不仅限于学校才能学到的理论知识。新媒体打造的虚拟环境能够高度模仿现实社会的环境，甚至是现实生活中无法创造的环境，人们可以通过操控虚拟世界，打破认识的局限性，提高自身的感性认识。新媒体技术营造的知识网络结构让全球的知识信息都能在同一个平台上擦除思想的火花，激发人们的创造性，开发人们的智力，极大地提高人的认识能力。

3. 发展人的社会关系发展

（1）人的本质的体现在人的现实关系之中。

新媒体技术创造了一个虚拟的类人类环境，超越时间和空间的栓结，将全世界的编织成一张透明的网，这张网里面包含了现实的人的社会关系。将人与人、社会、世界都紧紧联系在一起。人们的工作、学习和娱乐从使用台式电脑到平板到手机，只要有信号的地方就有信息的传播[10]。新媒体的发展极大地满足了人类对信息知识的渴求，人在新媒体环境中随时随地都有社会关系的交叉现象发生。作为实践主体的人只有在一定的社会关系中凭借社会形式和社会特点，自觉地、能动地、创造地、有目的地运用人工工具来改造人们赖以生存的外部环境，才能确立社会的发展，才能不断完善人类自身的发展。

（2）新媒体促进了人的劳动生产能力和水平的提升。

人们利用新媒体在社会的经济、政治、文化和社会交往中可以极大地发挥自身的主体性和能动性。新媒体技术的运用让人们在劳动生产实践中获得了更高效率、高质量、高水平的劳动成果。人们在劳动生产过程中掌握了最先进的技术手段，人们的生产能力得到很大提升，这也意味着人们在经济活动领域中的掌控能力有了很大的提高。新媒体改变了传统的经济交往模式，作为社会主体的人可以不用把时间浪费在重复而简单的生产过程中，人们有更多的时间去从事创造性的劳动，人们可以利用的自由时间增多，能腾出更多的时间去发展自己的个性需求。新媒体的应用在政治、文化领域也有很大的影响，新媒体提供了可靠的平台，政府可以公开国家的政策法制，人们可以第一时间主动地了解国家的政治动态，更可以及时与政府互动，提出自己的意见，让政治交往更加透明。新媒体让丰富的文化得以传承。文化是一个国家文明的软实力，新媒体给文化的传播提供了多种多样的渠道。人们可以利用新媒体广泛吸收多元的

[10]　汪长喜．信息技术与信息学竞赛 [M]．北京：清华大学出版社，2008．

文化知识，来提升自身的文化知识储备，充分发挥自身的想象力和创造性，建立多层次多角度的网络式文化平台，推动了人的社会交往。

（二）新媒体对人的发展的负面作用

1. 信息泛滥影响人的判断

新媒体时代各种信息"爆炸"，知识资源泛滥，各个领域的信息大量融合。因此，人类在面对多如牛毛的信息资源的过程中会迷失方向，无从选择。新媒体时代是作为社会主体中的人所创造出来的，是相对于人的发展而存在的一个客体。主体的每一个方面就其自身的结构和规定性来说都将产生对客体的需要。人们需要了解知识和信息来扩充自身的学识和见识，但是人们处理信息的能力有限，而信息资源的数量永无止境，信息的过度膨胀会让人在接受、处理信息的过程中使大脑紊乱，难以选择[11]。

新媒体时代信息交流出现异化，可以从以下几个方面来讨论分析。

（1）信息碎片化。

新媒体环境下信息极速传播，所有的信息资源都开始向"微"时代发展，信息资源都逐渐趋向于短小、片面化发展，这种碎片化带来的信息异化往往让有价值的信息浅尝辄止，一闪即逝。这种媒介使用习惯会令受众形成思维跳跃，知识不成体系的弊端。

（2）信息造假。

新媒体提供的新型传播环境，让虚拟世界与现实时间交叉在一起，信息的传播过程更加复杂、多元，虚假的信息很容易就扩散开来。

（3）网络暴民。

网络是新媒体传播异化的一个典型体现，新媒体营造虚拟环境让大众言论不受限制，网民相互谩骂的现象十分严重，网络暴力从虚拟的环境中迅速蔓延到现实生活中，"被暴"的对象受到非常严重的人身伤害。演员袁姗姗从出道以来，一直被大量网络水军谩骂，曾一度造成心理阴影和伤害，她需要比正常人付出更多的努力去减少这些网络暴力的伤害，这些网络暴力对当事人造成了严重的伤害。由于网络虚拟世界的不真实性，人们自由发表言论的自由被极度放大，无论是使用电脑、平板还是手机，只要有信号，人们就可以随时随地发表个人言论和传播其他信息。这些信息包括谣言、造假、黄色、诬陷、破坏分子的恐吓或者西方文化的渗透，在不知不觉中，人们的价值观念和行为习惯就

[11] 陈国青，王刊良，郭迅华，等. 新兴电子商务. 参与者行为 [M]. 北京：清华大学出版社，2013.

会随着这些信息的爆炸而发生改变，如果不是拥有强烈自主意识和辨别是非的能力，人们很难从这些不良信息中跳脱出来。信息资源的丰富性、不规范性和无限制性常常会令人迷惑，过量的信息超出了人的承受能力反而会令人苦恼，不良信息的无限制传播更会令人困惑，影响人的判断，阻碍人的发展。

2. 弱化人的逻辑思维能力

新媒体工具的多样性，让社会各个领域的信息交互性加强，整个世界的信息资源都被呈现在人们的面前，就会产生这样一个假象：只要人们上网在线，就可以通过新某体工具在网络上寻找到任何想要了解的信息。只要有问题出现，人们根据其关键词和主题词就能很快地检索出有用的信息，人们面对不懂的知识和问题时会更倾向于寻找现成的答案，而不会去通过花专门的时间去看书和思考来解决问题。网络虽然可以给我们提供大量的有用信息，但是网络并不能创造思维，它只是机械地给我们传递信息，不能给予我们思考的过程。在寻求知识的过程中 人们通过新媒体平台直接找到标准答案，不用对数据信息进行加工处理，是无法将现有信息转化为自己能够理解和掌握的理论知识。这样也就无法对事物进行深刻的认识，极大弱化了人的思维能力，抑制了人的想象力和创造力，极大地制约了人的发展。

网络作为新媒体技术的一种手段，必然伴随着新媒体技术的更新而发生改变，这些改变也会令新媒体使用者的思维方式发生变化。新媒体使用者不会真正地去理性思考每一件事情背后的真正成因，他们更倾向于形象思维，他们的思维趋于异化的感性思维方式。在具体事件上，网民更喜欢看到夸张的、新奇的、刺激的爆炸新闻，他们会将自己歪曲事实的想象附加在传播的信息上与真实情况融合在一起，变成一种广而告之的新闻事件，受众也不会去真的探索事情的真实性。

在这样一种假象的信息和传递之后，信息的真假已经无从知晓，特别是当公众人物发表一个看法或者言论的时候，他的粉丝基本就会全盘接受，这种非理性的信息传播极大程度地弱化了人的思维能力和认知水平。

3. 人类交往出现新的异化

新媒体工具的多样化发展，在一定程度上方便了人与人之间的沟通交流，消除了时间和空间的障碍，扩大了交往的范围。但是基于新媒体工具创造的虚拟环境下进行的沟通交流是没有规则和秩序的，网络文化会在这种环境下肆意发展，人们逐渐从主动的实践者在向被动的接收者转化。因此，这种反客为主的交流异化对人的发展会造成不利的影响，在一定程度上会形成人的交往异化问题，不利于人的发展。

虚拟环境的人际交往无法替代面对面的交流。透过新媒体工具，人们的交流是给予你希望对方看到的东西，这就会存在信息的虚假性和不可靠性，你很难辨别出对方所传达的信息是真是假，更没法知道对方所表达出来的感情或者态度的真假。在我们生活中很常见这样一个现象：在人们与好友或者家人聚会的过程中，大家都很自然的坐在同一个餐桌旁，但是相互之间基本是没有交流的，每个人都拿着自己的手机玩或者是聊天，根本没有注意身边的人在做什么，宁愿用手机在网上与人聊天也不愿意放下手机与身边的人交流。这种现象看似很平常，但是它却反映出了一个极其严重的问题：新媒体技术的发达，人们的社会交往变得容易了，然而人却越来越没有了自主性，人被手机控制了，连最基本的人际沟通都产生了异化，人们已经离不开手机和网络。虚拟环境中，人们可以火热的聊天，现实环境中却已经缺乏最基本的交流，这种人与人之间的交流异化严重地损害了人际间的交往关系。

当前，人们的交往方式变得多样和快捷，但是精神却十分空虚，对生活的感受力也不断弱化。新媒体工具是应用于使人们的生活更加便捷而产生的，但是在社会高速发展的过程中，人对新媒体工具的依赖性越强，被它所控制的力度就会越大。当人的所有生活被这些新产品渐渐控制的时候，人就会逐渐失去了人的本质，失去了主体性地位，人的发展就会受到很大的阻碍。

二、新媒体深刻改变了人的生产方式

首先，新媒体促进了人类物质生产方式的变革。新媒体作为计算机技术、互联网技术和信息技术等技术的结合体，它的产生和发展是生产力发展的产物。同时，新媒体作为生产力进步的产物，它的产生和发展又成为了加速技术革新的重要力量，进一步推动了生产力的进步。人类的物质生产方式的进步，是通过生产力水平的提高体现出来的；而生产力的发展，依靠的就是科学技术水平的提高，因为"科学技术是第一生产力"。生产力包括劳动资料、劳动对象以及劳动者。新媒体作为多种科学技术的混合体，极大地提高了人类的劳动工具的智能化、数字化和信息化，把人们从繁重的体力劳动中和单调的机械操作中解放出来；与此同时，在信息时代，对于劳动者的技能和知识要求也同农业时代、工业时代大大不同，更加突出对智力的、脑力的而不是体力的、熟练程度的因素。

其次，新媒体一方面逐渐打破传统社会生产方式，一方面又塑造了信息时代下新的社会生产方式。人们在进行生产、分配、交换和消费等社会生产（社会经济活动）过程中，必然会结成各种社会关系。这是必然的，因为人本身就是社会关系的总和。新媒体提高生产力的同时，也使得传统的社会生产方式被打破，新的社会生产方式进而形成：电商的兴起带来物流的繁荣，缩小了交换的地理距离的同时，也丰富了消费的内容；数字货币的发展改变了以往的支付方式，极大地便捷了人们的生活；新媒体与传统农业、工业制造业的结合，生产的过程较之以往大大改变；新媒体与服务业的结合更是使得服务业更加繁荣……以往的社会生产方式在传统行业与新媒体的渗透着和融合中被打破，而新的社会生产方式在使用新媒体的过程中也逐渐地形成。

三、新媒体深刻改变了人的生活方式

"生活方式"指人们的物质资料消费方式、精神生活方式以及闲暇生活方式等内容。新媒体使生活方式发生了改变，也在继续改变，甚至对以往的生活方式进行了颠覆。

"衣食住行"与人的生存和发展是分不开的，并且也是最让人关注的主题。新媒体到来之前，贩买衣服，一是通过观看电视的广告，二是通过朋友推荐；而普及了新媒体之后让"网上消费"变成一种常态的消费方式。在穿衣方面，"淘宝""唯品会"……这些网站或者APP，无论是品牌分类、服装团购、商家推荐，还是折扣信息、搭配技巧等这些，让我们随时随地都可以快速获取想要了解的信息；"民以食为天"，吃饭可是件大事儿。以前吃饭，要么是自己知道哪家可以，要么就朋友推荐，要么就在家简单吃；信息时代的我们，一个人想简单吃，可以打开手机或电脑，用"饿了么"或者"美团外卖"叫份外卖，简单快捷；想和朋友或者家人出去吃，打开"大众点评"，精品菜、推荐菜，人均消费多少，以及别人对这家餐馆的评论，都能在上面看得清清楚楚。去餐馆之前还可以根据自己的人数和计划，预定时间，预订人数；至于食材或者其他食品的购买，信息时代的我们更加简单。甚至可以足不出户，在"淘宝超市"或者"京东"就能搞定；新媒体在"行"的领域覆盖面也是比较广泛。

"网上娱乐"也成了信息时代休闲娱乐的一种新的选择：现在可以通过电脑、手机随时随地观看自己喜欢的电视、电影、综艺、新闻、小说、视频；可以通过互联网和网络上的陌生人聊天讨论；在微博、朋友圈上晒出自己做的美食、旅游地点、风景或者仅仅一两句牢骚的话，就会收到回复或被点赞……

"网上交流"，或者说"网络社交"，也成了新的社交手段。通过豆瓣、百度贴吧、知乎、微博、微信等新媒体和自己兴趣相同的人实现无障碍的沟通与交流……

在信息时代，新媒体使消费生活方式、闲暇生活方式、交往生活方式等诸多的生活方式变得越来越便捷化、多样化、数字化，我们的生活方式较之前发生了翻天覆地的变化。

第四节　新媒体的未来趋势

一、新媒体载体呈现多元化发展

在日常生活中，新媒体的形式呈现多元化发展趋势，并且这种发展态势在短时间内并不会出现滞后与减速现象。例如，在一些小区的电梯里，物业安装了小型移动电视机，可循环播放新闻和广告等，在人们生活中的碎片时间中实现信息传递。公交车上的移动屏幕，能够在乘车时间给予人们休闲娱乐的时间，也能够传递例如社会主义核心价值观等具有正能量的信息。

以上的设备均转变了传统意义上的电视机、手机等载体，而是能够在目光所及的各个方面。根据当下新媒体发展的趋势能够看出，在未来一段时间之内，新媒体的利用范围和利用率都将全面提升，生活中应用新媒体的场所和机会将进一步扩大，力求能够满足人们多样化的信息获取需求。

二、新媒体影响的程度将越来越深

新媒体作为信息时代的产物，已经渗透到人类社会的方方面面，并在以后的时间里会对人类社会的影响程度将越来越深。新媒体的使用范围从为数不多的一部分人，发展到覆盖了世界将近一半的人口；新媒体从大屋子里的大机器，缩小到手中小小的一块屏幕；新媒体从专门服务于军事、商业的领域，变化为我们日常生活中必不可少的一部分；新媒体从 IT 行业，慢慢渗透到金融、服务、商品、农业等行业中……接触新媒体，使用新媒体，并慢慢地发展成为依赖新媒体；不再是定时定点打开电视，而是随时随地拿出手机；刷微博，发朋友圈，愿意在新媒体上花费更多的时间；开始重视数据，重视把互联网结合到各项思维过程中；网络语言，网络文化从无到有，已经成为文化的一部分；通过新媒体表达言论，监督政府行为已经成为日常；不管是传统农业还是工业、服务业都越来越趋向于智能化……在不远的将来，新媒体影响的程度会随着技术的革新和社会的发展而越来越深。

三、新媒体发挥的作用将越来越大

如在经济上，新媒体一方面成为新经济发展的引擎，创造了新的经济发展模式；另一方面新媒体对传统的经济模式和产业起到了革新改造的作用，比如支付宝对传统金融业的冲击、淘宝对传统零售业的颠覆；在政治上，新媒体提供了新的政治参与方式。比如，贝拉克·侯赛因·奥巴马在为2008年总统竞选活动中，成功地将传统的竞选体系与高效的网络组织和筹款方式（通过新媒体）紧密结合并取得的预期的目的；在教育上，越来越多的教师关注并开始运用好新媒体作为教学的手段和工具；在社会管理方面，新媒体的运用大大减低了繁重工作的成本，如我国已经实现了跨地区的补办身份证，并慢慢成为社会管理的必不可少手段之一……可以看出，新媒体在以后的生活和生产中将发挥越来越大的作用。

四、新媒体的营销价值会进一步凸显

现阶段，众多公关公司、广告公司账户间认识到了新媒体在互联网中的重要性，能够利用互联网实现良好的营销目标。众多企业和个人都投入了大量资建设属于自己的新媒体，将不同形式的媒体平台作为自身宣传的手段。

例如，熟悉的苹果公司，已经逐渐降低在电视上的广告宣传，转向互联网上进行广告投放，并且取得了良好的宣传效果和营销成效。

随着新媒体在我国不断发展，以上的经济效益也会呈现"遍地开花"的营销情状，新媒体的营销价值会在社会经济发展的大背景中进一步拓展，对我国乃至世界领域的重要意义可想而知。

第五节　新媒体对文化传播的贡献

一、文化传播的定义

文化包括广义与狭义两种说法，但是本论文所提到的文化是指文化的广义说法。即文化是与自然相对的，泛指人类所创造的文明成果，是人类创造的一切物质产品和精神产品的总和。文化不是从来就有的，它是从有了人并伴随着人化而产生的，在漫长的人化历史中，文化的发展就像一粒种子长成一棵参天大树一样。文化是人特有的事物，动物的世界是不能称之为文化的世界，有了人类才有了文化，而且这种文化会随着人类社会的发展而不断地更新，不断地

产生新的文化，就好比种子和大树的关系。也是因为如此，文化才需要传播，而文化的传播具有很强的系统性，是多方面的，而且与万事万物都有着千丝万缕的关系。不仅如此，文化之所以会不断地发展，获取新生，那是因为它也有自己的生存土壤，与它生存的社会环境相辅相成、相互影响、相互作用。文化是人类长期社会实践中的产物，也是人类智慧的高度凝结的象征，是人类发展史上的瑰宝，它往往具有民族性、地域性、时代性以及开放性等特征，长期以来由于人类不断的交流使得文化传播成了文化发展最重要组成部分之一，文化传播是文化得以发展必不可少的条件之一。并且文化的产生和发展受到文化传播的制约和影响，更好的文化传播才会有更好的文化生成、文化交流、文化发展，以及更好的文化共享。

美国学者詹姆斯·凯瑞（James W.Carey）是这样定义的："文化传播把人类行为或者说是人类行动看作是一种文本，任务在于建构这一文本的解读"。言谈、书写、姿势是一个符号序列，作为文本它们包含了解释。这就把文化传播学引入符号学、解释学的研究范畴了，可见，文化传播学的研究应当具有交叉学科的视野。

英国学者雷素德·成廉斯认为一方面文化具有实践性、历时性与共时性的传播属性；另一方面他也认为文化传播过程中可以产生新的意义，也可分享。从以上的分析来着，有几点是理解和掌握"文化传播"的概念必须注意的：第一，文化传播是指人类的一种活动，除此之外的事物间的交流活动不是文化传播；第二，活动所涉及的是文化要素的交流；第三，交流的过程是互动双向的；第四，注重精神的交往；第五，文化传播的研究具有多种视野和多个维度。由此，这样来定义"文化传播"：文化传播是人类所特有的基于各种文化要素，包括物质文化要素和精神文化要素互动交流的一种活动[12]。

所以，文化传播是人与人、人与社会，人与国家、国家与国家、社会与社会之间的文化信息的交流过程[13]。这个传播和交流过程中，文化分享和文化传播的方向性具有重要的意义和地位。就文化分享而言，文化传播主动者把自己的文化带给受众和相关的接受者，而文化的受众和接受者可以主动和被动地接受或进入相应的文化，或积极或主动或合理地吸收文化传播中的有营养的部分，以获取相应的益处。就文化传播的方向性而言，文化传播带有一定的方向性，其或者受意识形态的影响或者受到历史的制约或者受社会利益结构或大众偏好的影响，文化传播的方向性具有时效性和可控性的特点。

---

[12]　张三夕．媒介与历史：文化传播学读书报告集 [M]．广州：广东世界图书出版有限公司，2017.
[13]　胡惠林．国家文化安全学 [M]．北京：清华大学出版社，2016.

二、文化传播的结构、功能与意义

（一）文化传播的结构

文化传播的结构主要涉及五个方面：传播者、接受者、媒介、价值需求、文化信息。其中传播者是传播主体创造了文化；接受者是文化接受的对象或受众，接受者可能是文化传播后的享受者和携带者，也可以对文化进行再传播；媒介是传播的手段、方式和技术，传播利用媒介才变得普及开来，没有媒介的辅助文化传播的范围将受到极大的限制；由于文化传播不同于实物商品，其价值需求主要是价值观念的需求和拥有；文化信息指不同的信息资源和信息内容。

文化人类学家拉尔夫·林顿在研究过程中把文化传播分为三个阶段：第一个阶段为文化的对接与凸显时期，当一种或是多种的新文化现象在一起出现时，往往会被人们所关注。第二阶段是文化的选择时期，当第一个时期的文化现象被人们所注意的时候，人们往往会对这些新的文化持批评、讨论、总结、拒绝、接收等不一的态度。总之在这一时期，人们处在文化的自由选择时期。第三阶段是吸收时期，经过前面两个时期的发展，新出现的文化现象已经变得成熟，经过人们不断的选择，到了第三个时期，人们将新文化现象中的元素加以总结，然后结合本民族的文化以及长期形成的文化认同，将新文化现象中的先进文化元素融入于本民族文化以促进文化更好的发展。

（二）文化传播的功能

社会的生存与发展之所以离不开文化，是因为文化对整个社会都有着重要的作用，文化的功能影响着整个社会，小到一个人、一个组织，大到整个人类社会都受各种文化的影响。比如说文化对整个社会来说，它有一种凝聚力，有一种价值取向，是整个社会都去遵守；对组织团体也是一样，比如说企业文化等；还有个人，文化环境对一个人的成长产生很大的影响。将人们的价值差异进行统一，将人们的行为准则统一规范以维持良好的社会秩序，维护社会结构的稳定。我们说文化对于整个人类社会有着很强的整合统一功能，事实证明，这种功能是十分必要的，因为它可以将不同文化圈的人结合在一起，形成一个共同的认知，从而促进社会的和谐，比如多一些犯罪行为的认知要保持一致。一个国家、一个民族和整个社会是一样的，也需要相同的文化认知去整合，这样才会有凝聚力，才会有向心力，对自己生活的国家或民族才会有自豪感、认同感、归属感。比如说中华文化，我们都认同我们是炎黄子孙，我们都遵守相同的文化规则，这就是维系情感的一和纽带。

此外，文化能够协调社会发展，社会的各行各业都需要文化的引导，不同的社会有不同的文化环境，所以会有不同的引导作用，在这种文化的引导下能够获得发展。文化的传播、文化的交流、文化的发展对于社会来说都是十分重要的，都是一个无形的资产，在社会大变革的时代里，文化各方面功能会带领整个社会走入新的发展阶段。所以说，文化影响着社会的经济、政治等多个方面。

（三）文化传播的意义

文化传播发展的过程表明，新文化现象与本民族原生文化之间具有对立统一的辩证关系，随着事物不断地变化与发展，这种对立统一性也在促进了文化的发展。文化传播的目的即让人与人、国家与国家的文化互通有无、相互了解，文化传播的作用即通过文化传播对世界产生影响。

首先，文化传播可以形成一个开放的世界。文化在创造后，只有通过传播才能够成为人类共通的财产，才能实现文化分享与文化共享，从而联结不同的人群和社会，以便人类去更多的发展文化、创新文化，从而促进人类文化的繁荣。

其次，文化传播有助于人类走向一体化。文化传播于人类共享文化成果，消除不同的文化隔阂，让不同的国家、民族走向融合创造了机会。当然这个过程，也不可避免地会产生文化传播方向的特定性地从文化先进者单向流出的局面，但文化传播把知识带向世界从而组织了人类，维持了人类社会的持续发展。人类文化的发展需要不同国家和不同民族相互协作和合作，而文化传播有助于人类利用共通的智慧和理性去迎接风险和各种挑战，从而为更深入的全球化创造条件和机会。

再次，文化传播过程激励着文化的创新。在文化的传播过程中，不同文化认知的人们共享着不同的人类文明成果，人类将自觉或被动地参与到新的文化创造的过程中。从而新的充满活力的文化将得到发展和更新。尤其是新的文化传播方式的引入，还可能转变或更新文化价值观念，让我们更积极地接纳新的生活方式，从而让社会参与水平得到更大程度的提高。

最后，文化传播有利于社会的协同发展。对新媒体对文化传播的正面影响保持乐观的态度，实际上也就是肯定文化传播可以实现更强大的正面功能。随着文化交流和传播走向深入，不同文化中的差异、不均衡、不平等走向接近、公平和均衡，以前的强制性接受、文化传播的外在性约束，将变得更加自主和多元，而不再是单向度的一个过程。随着文化传播模式的改变，社会越发向着协同性方面发展。

三、新媒体对文化传播的贡献分析

（一）有利于促进社会主义文化产业的发展

文化产业的兴起是有特定社会背景的，它是在全球化的消费社会背景下产生的一门新兴产业，被世界各国公认为是 21 世纪全球经济一体化时代的朝阳产业，我国文化产业在 20 世纪 90 年代发展，在最近十多年获得蓬勃发展，甚至成为各地的支柱产业、主导产业。世界各国对文化产业的定义是不同的，但有一点他们是达成一致、共同认可的，那就是传媒业所占的比重都比较大，在文化产业中是最具活力和影响力的产业类型之一。随着人们对文化产业作用的深入认识，文化产业越来越受到世界各国的重视。新媒体作为一枝独秀的新兴力量，不知不觉地改变了生活方式，也极大地影响了文化产业的发展变革，新媒体文化产业的发展可以很好地拉动社会主义文化经济繁荣。

由于新媒体的便捷化、互动性强、个性化强等特性，加之新媒体有新技术的支撑，使得新媒体在短时间内获得了迅速发展，新媒体文化的优势对文化产业的发展产生了重要影响。

首先，新媒体文化促使文化产业中新的产业兴起，增加了社会主义文化产业发展的途径。在文化产业的内涵上，国内外对其界定是不同的，虽然侧重点各有差异，但是这其中有个共同点，就是都把传媒产业纳入文化产业中，传媒产业在文化产业中所占比例非常大，因传媒产业的活力极强，影响力极大，国外一些发达国家把传媒产业列为国家文化产业的核心。

新媒体新兴的数字技术，是新媒体文化产业发展的重要支撑，是新媒体文化产业的核心竞争力的重要基础。这些使得文化产业中新的产业产生，它对我国音像出版，电子书出版，广播、电视、电影相关产业的生产传播的方式有了巨大影响。

另外，"文化产业在新技术发展的支撑下，通过在产业边界上与其他产业相融合形成新的文化产业来扩大整个产业的规模"，在新媒体发展的过程中可以看出，每一次新媒体催生的新产业的兴起都不是单纯的一中产业的兴起，而是需要其他多个产业配合，这样众多产业融合在一起，就产生了新的产业集群。从发达国家走过的新媒体文化产业之路可以看出，新媒体相关的文化产业已经有了比较大的规模，不但在本国产生重要影响，而且在国际上也有很好的声誉，比如提起动漫产业，人们首先想到的是日本，提起游戏产业让人想起韩国，而说到无线音乐产业则要数英国强大。

其次，新媒体文化使文化产业旧部类改革，提高了社会主义文化产业的效率。新媒体及其相关产业发展势头迅猛，这对传统媒体构成的文化产业造成巨大冲击。例如从媒体广告方面看，传统媒体的广告量在迅速减少，广告单价也在下降。媒体广告结构发生了巨大变化，早在前几年，互联网广告的市场规模就超过了报纸广告，仅落后于电视广告而居于第二，随着近几年新媒体的不断发展、融合，受众在看电视的时间在不断减少，使用新媒体的时间却不断延长，使得互联网及其手机媒体的广告量有所增加。如此发展下去，新媒体广告的吸引力必然会大大超过新媒体。这样，相对于新媒体的"传统"媒体的文化产业的就部类不得不发生改变。

再次，新媒体文化促使文化产业内部融合，加快了社会主义文化产业改革。新媒体技术发展过程中，文化产业内部各个产业之间的界限变得模糊，明确的界限分类分工被打破，新媒体技术将原来的各种产品和服务融合到一个平台上，把文字、语音、影像等表现形式整合在一起，促使新的、更具综合性的产业形态不断出现，延长了整个文化产业链，使文化资源得到更充分的开发和利用。

（二）有利于提升社会主义文化软实力

文化软实力是一个国家综合实力的重要组成部分，"软实力"是美国哈佛大学教授约瑟夫·奈提出的，当时主要用来研究国际政治关系。通过他的论文和著作，可以看出他认为一个国家的综合国力包括两个方面，即由经济、科技、军事实力等展现出来的硬实力，由文化价值观念、社会制度、发展模式、生活方式、意识形态等所表现出的软实力。目前学界关于文化软实力在概念的理解上存在一些差异，比如有人认为"以文化为基础的国家软实力就是文化软实力"，也有人认为文化软实力是由"文化力"和"软实力"内涵结合构成的，不管在对概念上的理解有什么样的差异，但他们都认同文化软实力的重要性。"硬实力"在战争时期的作用更明显，现在世界总体上是处在和平时代，"软实力"的作用日益突出，对于国内来说，文化软实力能繁荣国家文化、增强国家凝聚力，对外能提升国家形象、提高国家在国际上的影响力。

第二章 新媒体的文化意义

当前，我国经济社会发展迅猛，一些新生事物快速被接受和利用，特别是新媒体的出现，对丰富社会文化起到了很大的助推作用。作为现代文化重要载体和组成部分，新媒体对于文化传播具有强大的推动力。本章分为技术与文化的融合和新媒体的社会化影响两部分。主要内容包括：技术与文化、技术为先导的媒介文化、社会影响的相关论述、新媒体的积极社会影响、新媒体的消极社会影响等方面。

第一节 技术与文化的融合

一、技术与文化

（一）技术是人类基本的实践能力

几乎所有的造物都是技术的产物。制造和使用工具使人类文明迈出了关键的一步，从此，也就使技术进入了人类文明的历程。制作工具、使用工具使人真正超越纯粹的动物性成为可能[14]。

一般来说，技术代表着一种达到目的的中性手段，一种工具或人的活动。《辞海》上的解释："技术，一种是泛指根据生产实践经验和自然科学原理而发展成的各种工艺操作方法与技能。如电工技术、焊接技术、木工技术、激光技术、作物栽培技术、育种技术等；另一种是指除操作技能外，广义的还包括相应的生产工具及其他物资设备，以及生产的工艺过程或作业程序、方法"。

自人类诞生以来，就一直不断地进行着各类造物活动，其范围包括"人类用以应付物质世界，方便社会交流，实现幻想，满足娱乐以及创造具有意义的象征符号"的一切东西。一种新的物品从产生到进入人类生活涉及许多不同的

---

[14] 李淮芝，蔡元. 新媒体的数字化生存与发展 [M]. 北京：测绘出版社，2011.

因素，其中技术与文化是造物诞生、发展并广为接受的两大重要因素。

　　人类最初的技术是石器制造。石器技术一直延续了几百万年的历史，直到制陶、冶金技术的发明，金属生产普遍进行的时候，石器技术仍然起着巨大的影响。接着的技术发明是陶器制造术，这是造物史上甚至人类史上具有划时代意义的技术发明。在工业革命之前技术表现为手工劳动者的手艺，这是世代相传的经验技能，有着独特的传承方法和发展途径。随着欧洲近代大工业的兴起和自然科学的快速发展，技术领域发生了一场革命，过去依靠经验传承下来的手工艺技术被现代的机械化的工程技术所替代。从20世纪40年代末起，开始了以电子计算机、原子能、航天空间技术为标志的第三次科学技术革命。这场震撼人心的新科技革命发源于美国，尔后迅速扩展到西欧、日本、大洋洲和世界其他地区，涉及科学技术各个重要领域和国民经济的一切重要部门。从20世纪70年代初开始，又出现了以微电子技术、生物工程技术、新型材料技术为标志的新技术革命，其规模之大、速度之快、内容之丰富、影响之深远，在人类历史上都是空前的。

　　技术的进步推动着造物速度、功能及标准化的实现与完善，直接加速了文明的发展和物质、社会文化以及精神生活的改善。

　　技术是有目的性的。技术的产生源于人类的需求和愿望。技术进步的后果体现在日常生活领域，就是形成了生活必需品的可靠供应，它满足人的生存需要，保障生活质量。就像雅斯贝斯（Karl The-odor Jaspers）所说："今天，人们把这样一点看作理所当然的，即人类生活就是在技术进步的帮助下由合理化的生产来满足大众需求"。技术通过产业化生产出丰富多样的生活物品，使人类的生活需要得到极大的满足，现代社会大量的吃、穿、住、行的各种产品，包括文化和娱乐产品，在不断提高人们生活水平的同时，也刺激和引发了人们无限的欲望。这样，技术在带给人们极大物质需求满足的同时，也一步步重塑了人们的生活。

　　同样，新媒体也是建立在技术发展的基础之上的。它是以数字技术、网络技术、信息技术为基础，以有别于传统的传播方式实现传播的新型媒体。相对于报刊、广播、电视等传统媒体，新媒体具有许多技术优势：可以实现双向互动、自由点播，受众既是信息的接受者，又是信息的发布者。能够多渠道传播、多方式接收。传播渠道从无线、有线网扩大到通信网、互联网、物联网；传播载体从广播、电视扩大到电脑、手机等。能够即时传播、任意转载、海量收播，受众可以随时随地将信息传送出去，等等。新媒体的出现，让人们摆脱了必须按固定节目表收看电视、收听广播的束缚，在任何时候都能从新媒体中获得自己想要得到的信息。这就深刻改变了人们的信息接受方式和习惯，极大地增强了媒体的传播力和影响力。

（二）技术与文化的关系

文化作为人类认知世界和认知自身的符号系统，它是人类社会实践的集成，是人类所创造的物质财富和精神财富的总和。

据英国文化史学者威廉斯（Raymond Williams）考证，从 18 世纪末开始，西方语言中的"Culture（文化）"一词的词义与用法发生了重大变化。他说，"在这个时期以前，文化一词主要指'自然成长的倾向'以及——根据类比——人的培养过程。但是到了 19 世纪，后面这种文化作为培养某种东西的用法发生了变化，文化本身变成了某种相对独立的存在。它首先是用来指'心灵的某种状态或习惯'，与人类完善的思想具有密切的关系。其后又用来指'一个社会整体中知识发展的一般状态'。再后是表示'各类艺术的总体'。最后，到 19 世纪末，文化开始指一种物质上、知识上和精神上的整体生活方式"。

著名人类学学者泰勒（Taylor）强调："文化或者文明就是由作为社会成员的人所获得的，包括知识、信念、艺术、道德法则、法律、风俗以及其他能力和习惯的复杂整体"。泰勒将文化定义为特定的生活方式的整体，它包括观念形态和行为方式，提供道德的和理智的规范；它是学习而得的行为方式，并非源于生物学，而且为社会成员所共有。泰勒认为，文化作为信息、知识和工具的载体，它是社会生活环境的映照；文化作为制度（Institution）、器物与精神产品，它给予我们历史感、自豪感，人们据此理解人的生命存在、意义和人在宇宙中的地位。

1952 年，美国文化学家克罗伯（A. I. Kroeber）和克拉克洪（Kluckhohn）对西方自 1871 年至 1951 年期间关于文化的 160 多种定义作了清理与评析的基础上给文化下了一个综合定义："文化由外显的和内隐的行为模式构成；这种行为模式通过象征符号而获致和传递；文化代表了人类群体的显著成就，包括他们在人造器物中的体现；文化的核心部分是传统的（即历史的获得和选择的）观念，尤其是他们所带来的价值；文化体系一方面可以看作活动的产物，另一方面则是进一步活动的决定因素"这一文化的定义有着广泛的影响，也基本为东西方的学术界所认可。

如果从现象层面给文化中的技术一个定位，那么，文化中的技术首先就是技术器物。它不仅是文化的载体，而且也是文化的生成手段和传播媒介。正是随着技术器物的发展，使文化形式日趋多样化、完善化。文化发展史上的一个基本事实是文化的形式日益完善和多样化，而每一种新的文化形式的出现，每一种文化形式的完善又都和技术器物的发展息息相关。一定的文化形式总有其一定的物质载体，而所有的物质载体都需要技术器物的支持。

技术器物与文化的关系还表现在技术器物对文化传播的影响上。文化如果不被传播便没有意义，技术器物则是文化传播的媒介。从口语传播、结绳记事到文字符号，从刻写符号、印刷技术到电子传播，每一次传播媒介的发展都带来了文化形态的革命。如今，我们正在走进一个信息化、数字化的时代，高科技的发展，电子计算机的发明和运用，多媒体网络的逐渐普及，信息高速公路的建立，使一个拥有 60 亿人口的世界逐渐变成了一个"地球村"。在这个"地球村"中，物理的距离正在消失，"天涯若比邻"不再是诗人的艺术夸张，全新的技术把人类整合在一种奇特的文化体系中，对人类的生活形态及历史进程产生了深刻影响。

今天，随着人类文明的发展和文化的积累，仅仅从"技术器物"的角度来理解技术已使许多问题难以解释，因此，有必要突破技术概念中"物"的层面，来深入研究技术进入人的生活进而影响文化的机制。

除了在现象层面上即技术器物层面上的作用，技术对文化的影响还发生在技术方式的层面和技术观念的层面上。技术方式是指由技术提供的某种生活程序或行为方式，它通过技术的应用，形成一种人们已经习惯、却又是技术时代特有的生活方式、工作方式、教育方式和消费方式。美国学者尼葛洛庞蒂（N. Negroponte）早就预言，作为信息的 DNA（Deoxyribonucleic Acid，又称脱氧核糖核酸，有时被称为"遗传微粒"），"比特"（BIT，信息量单位）正迅速取代原子而成为人类社会的基本要素，人类将进入"数字化生存"（BeingDigital）。数字化生存意味着"比特"把人类的智慧从"原子"的重重围困中解放了出来，意味着人类有了一个新的虚拟的、数字化的生存活动空间，意味着生存、活动于现实社会的人可以借助于"数字化"在"虚拟空间"进行信息传播和交流。虚拟的比特取代现实中物质的原子，数字化的信息信号取代原来的模拟信号对事物进行表达和操控，从这层意义上来看，数字化将会改变人类社会文化的整个发展态势。

计算机网络以其便捷、快速、操作简单的特点征服了人类。数字技术、网络技术的出现带来了人类感悟方式的革命，从而也引发了文化领域划时代的变革。技术作为一种器物对文化产生影响，作为人类进行制作活动的手段对文化产生影响，还都是表层的现象。更重要的是技术通过物品和手段透露出一种观念，这观念是技术赖以理解世界，并改造制作活动的出发点。技术观念表明了人类通过科技对人与世界关系的一种理解，它对人的精神生活产生着一种支撑其感悟方式的作用。

二、技术为先导的媒介文化

（一）媒介的更新

"媒介"一词，最早见于《旧唐书·张行成传》："观古今用人，必因媒介。"在这里，"媒介"是指使双方发生关系的人或事物。其中，"媒"字在先秦时期是指媒人，后引申为事物发生的诱因。"介"字则一直是指居于两者之间的中介体或工具。德弗勒（Defleur.M.L.）从广义的层面定义媒介："媒介可以是任何一种用来传播人类意识的载体或一组安排有序的载体"。总之，媒介是承载并传递信息的物理形式，包括物质实体和物理能。前者如文字、各种印刷品、记号、有象征意义的物体、信息、传播器材等；后者如声波、光、电波等。

媒介对社会发展及对人的观念、行为、生活方式等方面的作用和影响无疑是巨大的。但是，社会的变革，特别是技术的更新，对传媒发展的作用和影响同样巨大，二者之间是一种互动关系。这个过程，特别是大众传播产生的过程，是一个人类使用的传播媒介不断丰富发展的历史。媒介和社会、媒介和技术是互相依赖、互相促进、互动发展的。

从起源来看，媒介是信息传播的中介，它是随着人类对信息传播的需求而产生的。根据媒介产生和发展的脉络，可以把迄今为止的人类的传播活动区分为以下几个发展阶段，即口语传播时代、文字传播时代、印刷传播时代及电子传播时代。不过，这个历史过程并不是媒介依次取代的过程，而是一个依次叠加的进程。

口语最初仅仅是一种将声音与周围事物或环境联系起来的符号。人类在认识世界和改造世界的社会实践中，逐渐提高了它的抽象能力，成了一种能够表达复杂含义的声音符号系统。口语的产生大大加速了人类社会进化和发展的进程。

文字是人类传播发展史上第二个重大里程碑，文字的产生使人类传播在时间和空间两个领域都发生了重大变革。文字作为人类掌握的第一套体外化符号系统，它的产生大大加速了人类利用体外化媒介系统的进程。

印刷术的发明标志着人类已经掌握了复制文字信息的技术原理，有了对信息进行批量生产的观念。印刷术的发明和使用，促进了教育的普及，提高了社会文化水准，增加了社会流动的机会，几乎现代文明的每一进展，都或多或少地与印刷术的应用和传播发生着关联，书籍、报纸、杂志等出版物至今仍是作为人们每天获得各类信息的重要渠道之一。

如果说印刷媒介的传播实现了文字信息的快速生产和大量复制，那么电子传播最重要的贡献就是实现了信息的远距离即时传输。电子传播媒介可以分为有线和无线两种系统。有线系统起源于莫尔斯（Samuel Finley Breese Morse）发明的有线电报和贝尔等人在 19 世纪 70 年代研制的电话系统，后来发展到有线广播、有线电视和今天的计算机通信网络。无线系统的出现以意大利人马可尼 1895 年的无线电通信实验获得成功为标志，其后发展成为无线电报、无线广播、无线电视以及无线电话。

电子媒介为人类带来的变革并不仅仅是空间距离和速度上的突破。从人类社会信息系统的发展角度来看，电子媒介还在另外两个方面具有里程碑的意义：过去无论是声音还是形象，其本身都不具备复制性，而电子媒介形成了人类体外化的声音信息系统和体外化的影像信息系统。这两个体外化系统的形成，使人类文化的传承内容更加丰富，感觉更加直观，依据更加可靠，他们使人类知识经验的积累和文化传承的效率和质量产生了新的飞跃。

电子技术的发展还推动了计算机的诞生，"电脑"开始执行人脑的部分功能，它兼具信息处理、记忆和传输功能，并且具有信息处理速度快、精度高、记忆牢固等特点，这意味着人的大脑这一信息处理中枢也开始了体外化的进程。美国国际商业机器公司（IBM）在 1981 年 8 月 12 日推出该公司的第一部个人电脑 IBM5150 后，个人电脑为各行各业包括传媒业带来了革命性的变化。

媒介的诞生与不断发展无不得益于现代科学技术的发展，媒介发展史的每一次转折，媒介文化的每一次进步，无论是从报纸、广播、电视到网络，都与科学技术的发展有着密切的关系。今天的数字电视、因特网、卫星广播及其他领域的科技工具都在日新月异地发展，正是由于有了这些先进的科技，新媒体大众传播才能够得以确立。

（二）文化与技术的交相辉映

人类及社会进化的核心因素可概括为"文化"的发展。而技术创新能力的形成在本质上正是一个文化的发展过程，一个科技文化价值观逐步产生和发生作用的过程。

随着人类社会进化机制的转变，社会发展的主要推动力已经由过去的"物质性"资源，转变为"技术与文化"的资源。1998 年，联合国教科文组织在一份《文化政策促进发展行动计划》中指出，"发展可以最终以文化概念来定义，文化的繁荣是发展的最高目标。""文化的创造性是人类进步的源泉。文化多样性是人类最宝贵的财富"。

今天，科技文化的价值观已广泛渗透在技术创新的过程之中，科技文化价值观的冲突时常会以潜移默化的方式制约着技术创新的发展。技术发展和经济发展都是以人类的需求为内驱动力的。科技文化价值观正向作用的发挥，很大程度上取决于对技术创新中科技和文化价值观冲突的有效调适。因为技术在本质上是一种开放式的演进，这使技术活动成为人的一种内在向度。技术既是人自我创造、自我展现的过程，也是使自然和人的创造物被再造、被展现的过程。总之，人建构了技术，技术也是人的本质的对象化，它反映着人的开放性的本质力量。

以互联网为代表的新媒体的崛起和迅猛发展，不仅意味着传播技术的提高，更体现了传播理念的革新。随着数字技术、计算机技术、互联网和信息传播技术的日臻成熟与完善，新闻传播手段的更新速度将会越来越快，间隔将会越来越短，其互动性和时移性、便携性和伴随性、强制性和随机性，从多方面颠覆了传统的信息生产和传播方式。全息成像、电脑音乐、人工智能、人机交流、交互式电视、虚拟现实等技术的开发，创造了新的信息活动空间。丰富多彩的电子游戏、多媒体电子出版物、网上杂志、虚拟音乐会、虚拟画廊和艺术博物馆、交互式小说、网上自由文艺沙龙以及数字电视和广播等，为人们所广泛接触和接受。

20世纪末，美国在刚刚兴建的"信息高速公路"的基础上，又提出了"数字地球"的计划。所谓"数字地球"是指以地球为载体的信息集成和整体化战略，借助于它，人们无论走到哪里，都可以按照地理坐标了解地球上任何地方、任何方面的信息，从而真正实现全球信息传递的数字化和网络化。"数字地球"比"地球村"前进了一大步。后者是指传媒打破了时空界限，使此地发生的事情彼地很快就能知晓；"数字地球"则是指无论你想要了解世界上哪个地区哪一方面的情况，只需一个指令就能办到。

"对时间、空间的破除"是媒介产生以来的最具有变革意义的突破，今天的电子科技将一切知识形态统合整理，构筑起多种表达方式和存取方式的数据库，数字终端媒体让人们在任何时候、任何地点索要自己所需的信息称为了可能。新媒体的功能不仅满足人们单纯的信息消费，更重要的是通过不受时空限制的信息流动，使人类进入了一个信息功能得以完全释放的崭新历史发展阶段。人们不再只是被动地接受传媒灌输的信息，他们获得了更大的自由空间和技术能力去选择信息，创造信息，传播信息。

可以说，新媒体是人类在技术和文化发展的作用下的一次划时代的变革。以数码化信息传播为技术特征的新媒体浪潮，推动着世界经济的高速发展，也迅速改变着以往一切习以为常的传媒环境、生活环境和社会环境，进而改变着整个世界。随着现代技术的不断发展，媒介的形态还会不断地改变，随之而来的媒介的功能也会不断地变化，其发展是一个为了让人类不断认知世界、改造世界，不断从未被认知所造成的束缚中解放出来，并不断向自由迈进的无限的运动过程。

第二节　新媒体的社会化影响

一、社会影响单位概念与要素

新媒体的迅速兴起打破了原有的传统媒体的传播模式，使信息传播走向了扩散传播的新模式，进而对社会的方方面面产生了不可磨灭的影响。

（一）社会影响的概念

心理学家拉塔纳第一次提出了社会影响理论，他认为的社会影响是指在他人的作用下，个体的思想、情感和行为发生变化的现象。随着人们认知的不断进步和社会的发展，社会影响的定义得到拓展，已经发展成为他人或者来自外力的作用下，造成社会个人思想、行为和社会的政治、经济、文化等方面的变化的现象。

（二）社会影响的要素

拉塔纳认为来自他人的社会影响取决于三个方面的因素：他人的数量、重要性和接近性。作者认为这三个方面的因素因时而异，可以总结为：个体或者事件的数量、重要性和引发的范围。

首先，个体或事件的数量。就像一个人有没有吃饱，不是取决于他吃了什么，而是取决于他吃了多少。

第二，是个人或者事件的重要性，这取决于这个"个人"的地位权力以及他人是否是专家，或者是事件的重要性[15]。例如在中国，因为男尊女卑的传统观念，使得很多妇女在家庭中处于被动的地位，家庭暴力事件时有发生，但在社会中没有引起足够的重视。一则微博曝料李阳实施家暴之后，家暴事件又再

---

[15] 李文盛. 思想政治教育进程中的强化理论应用 [J]. 南方论刊，2017（02）：110-112.

一次被推向了风口浪尖。而受到足够重视的原因很大一方面是因为李阳是赫赫有名的疯狂英语创始人。

第三，是他人的接近性。接近性是指，他人在时间与空间上与个体的接近程度。一个发生在美国的持枪抢劫案远远比不上发生在个体所处的城市带来的影响及震撼力强。

社会影响最直接的表现就是它对人类的行为有着重要的决定作用。一般说来，在他人或者事件的作用下，个体会有一些或多或少的变化。社会影响的另一个表现形式是从众现象，就是个体一般会顺从群体的意见，与群体保持一致。

社会影响主要分为社会促进和社会抑制，新媒体作为一个新出现的传播媒介，给社会影响带来的也不仅有积极的方面，还有着其消极的一面。

二、新媒体的积极社会影响

（一）使受众掌握了话语权

话语权其实就是说话的权力，话语权的代表往往又意味着社会地位。在传统媒体时代，拥有话语权的一般是有着一定社会地位，他的观点也一般能够得到受众的认可和接受。但是话语权代表了很多，包括了大众对一件事情的看法以及功过是非的评价，那么当今急需解决的就是话语权的回归。手机媒体的出现及普及，手机网络的影响也渗透到了世界的各个角落，新媒体把握话语权的局面已经开启，打破了传统媒体垄断话语权的局面，作为自由言论的代表，手机媒体它来的是受众话语权的真实回归，即每一个个体都具有评价事件、抒发感情的权力。以手机媒体中的代表微博为例，从微博出现之初，它的特点就一直伴随着，门槛低、传播速度快、传播渠道多、互动性、开放性等。这些手机媒体的特点也在出现之初就引起了大众的注意，它给受众提供了一个能够发布信息、发表看法的平台。以微博为代表的话语权的回归也展现出了自身的特点——还原真相，当一个事件的发生和传播有很多个体参与之后就会变得混淆化，每个人的一句话有可能是道听途说也有可能是妄自猜测，那么这个时候话语权的回归就表现出了它的优点，亲身参与或者知晓事件的传播者就利用回归的话语权在混淆中最大限度地还原事件的真实情况，最具代表性的就是微博辟谣。例如4月24日刚刚喜得千金的大S，网传取名为"格格吉祥"，并迅速在微博中引起网友讨论，其老公汪小菲在微博中辟谣称："谁起的名字？格格吉祥是谁家孩子啊？感谢大家对女儿的关心，名字定好会通知大家的。"微博辟谣现在的用户已经不仅仅明星，包括最高人民法院在内的31个省级高院全部开通微博，微博辟谣已经可见它传播效应的巨大。因为手机媒体的开放性，微博的每个用户都拥有自身的话语权，都可以看作是一个传播信息的缩小中心，这些活跃的一个个缩小中心把握住了自身的话语权，打破了传统媒体的集中话语权，并且在传播过程中将话语权不断扩散，代表不同利益、不同群体、不同组织的人参与到了讨论中，最终形成了真实的民意及诉求。

（二）改变了受众的环境

传统媒体一般是通过报纸、电视等，场所环境比较固定，而在新媒体环境下，受众的场所不再受限，可以在任何地方访问网络资源的场所，通过手机、笔记本电脑等设备进行访问。环境更加数字化、网络化，也更加自由化。准确地说网络环境与现实环境的结合构成了受众的新媒体环境，受众可以在新媒体环境中，充分利用新媒体资源，可以通过网络通信软件与社交平台，实现沟通交流的实时交互。

（三）丰富了文化娱乐生活

新媒体不但具有快捷的网络传播速度，而且拥有融合文字、图片、音频、视频等强大功能，极大地便利和丰富了广大用户的文化娱乐生活。小说文学、音乐歌曲、电视电影、综艺节目、动漫视频等，各种形式的文化娱乐应有尽有，文化消费品品种繁多。内容非常丰富，操作十分简单。只要一部手机在手，随时随地就可以文化娱乐生活，非常简单便利和随意自由。看电影，不用去电影院；看演出，不用到演播现场；看网络小说文学。不用手拿厚厚的书籍等。新媒体这种随时随地随意的个性化、便捷性、互动性文化娱乐特点，对于深受工作、学习、生活节奏紧张重压的现代社会人们来说非常受欢迎。人们在上班路上，在公交车里，在课余几分钟，可以听听音乐，看看视频，放松压力。

（四）带来了全新的新闻来源

随着"第五媒体"——手机媒体的渗透，利用手机媒体的进行信息传播的微博、微信等受到了大众的追捧，越来越多的人放弃报纸电视甚至电脑等传统媒体，选择使用手机上网沟通交流，在手机上看新闻、看评论、转发消息的人也越来越多。当事件发生之后，更多的人选择手机上网、刷微博关注事件发展而不是等待传统媒体利用传统方式的报道，在闲下来的时间里，最多的活动不是看电视、看报纸而是选择拿起手机浏览微信朋友圈的状态以及微博首页设置的热点话题。对于新闻事件或者是新鲜事物来说，即时性永远是摆在第一位的，迅速传播、消息准确、内容简洁明了，是新闻事件或者是新鲜事物在第一时间能够传播出去的必要因素。

过去在发生重大新闻突发事件或者出现新鲜事物的时候，传统媒体总是争分夺秒的争取在第一时间能够让受众比其他媒体更早的接受信息手机媒体的出现为信息的传播带来了巨大的变革——全新的新闻来源。手机媒体中最具代表性的就是微博与微信，而这些用户的群体十分庞大，上至六七十岁的老人、下至几岁的学生都囊括在内，截至 2020 年 3 月，我国即时通信网民规模达 8.96 亿，手机即时通信网民数为 8.90 亿，在各应用中增长规模第一。手机即时通信使用率为 99.2%，使用率保持第一且持续攀升，尤其以手机端的发展更为迅速。手机即时通信网民规模增长率和手机即时通信使用率均超过即时通信整体水平。

手机媒体的用户如此庞大，年龄结构如此广泛，每个人都是传播者，每个人都有可能成为接触到新闻事件或者新鲜事物的第一人，并且成为第一个传播者将其传播出去，当这第一个传播者传递第一手信息时就转换角色成了记者，用最简洁的方式迅速地将新闻或事件传播给广大的手机媒体用户。手机媒体中的微博与微信等即时通信工具具有发布门槛低、发布渠道多、传播信息及时等独特的特点，在基础上决定了新媒体的信息传播比传统媒体来得更加快捷方便，也就意味新媒体在信息传播中具有优势。在国外很多突发性新闻事件的第一手发布都是来自手机媒体等新媒体的平台，并且引起强烈反应进而产生巨大的影响，如 2008 年 11 月 26 日孟买恐怖袭击事件等，这些事件大都是通过微博的渠道迅速地传递到全球各个角落。在国内，比较有代表性的是 2009 年 12 月 19 日台湾花莲海域地震事件，在全媒体范围内第一个对此进行传递的是台湾女孩萧姗姗于地震发生一分钟后新浪微博发布的"地震！好强"；地震发生 12 分钟后天涯社区才有了相关的讨论，作为传统媒体的中新网在地震发生 22 分钟后才做出了相关报道。在微博上第一条关于地震的消息出现开始到传统媒体作出报道，仅在新浪微博上，至少已经出现了 400 多条关于这场地震的讨论 [16]。手机媒体的出现和快速传播在对信息的传播以及传播的速度上弥补了传统媒体的不足，在手机媒体备受推崇的同时，信息的传播格局发生了变化，受众在新媒体上获取信息，充当了受众的焦色，同时传播信息，充当了传播者的角色，来源的广泛程度也是难以想象。

（五）满足了受众的信息诉求

马克思曾经指出，社会发展的过程也就是个性不断发展的过程，社会越来越注重个体的发展，个人也越来越关注自身的发展，追求人性的完善，个性的

---

[16]　刘兴亮. 微博的传播机制及未来发展思考 [J]. 新闻与写作，2010（03）：43-46.

自我实现。个性的自由发展始终是推动社会发展的重要动力。保罗·莱文森在谈到媒介发展规律"人性化趋势"理论时谈道："人类技术开发的历史说明，技术发展的趋势是越来越人性化，技术在模仿或者甚至是复制人体的某些功能，是在模仿或者复制人的感知模式和认知模式"[17]。由于技术的局限，传统媒体中将传播者与受众分开，传播者的任务就是传播信息，受众的任务就是接收信息。随着新媒体的出现及深入影响，受众的诉求越来越多地得到重视，受众之间的多样性和差异性也导致了每一个受众的诉求都是有差别的，而这些诉求也表现出了它不同的层次和特征，在这样的复杂要求下，传统媒体的已经难以满足受众日益增加的需求。美国传播学者丹尼斯·麦奎尔对传播受众的调查研究中分析总结了受众最基本的需求主要了四类：消愁解闷、人际关系、自我确认、监视环境。也就是受众在信息的传播中获取一些有趣的信息来取悦自身或他人；增加自身的知识涉及范围和深度作为人际交往的资本，以此来增加人脉；或者是从传递的信息中获取有用的信息，比如法律知识、职业介绍等；还可以了解到与生活工作相关的政策法规和信息。在手机媒体这种个人的终端媒体上，人们更关心的是自我的使用，关心这个终端适不适合我用，能不能为我带来利益。每个人在享受着手机媒体带来的便利的同时，也都希望自己能够在传播中占据一定的位置，都希望自己成为传播的中心，在经过筛选获得自己想要的信息的同时也将这些信息传递出去并且得到回应。手机媒体的用户可以根据自己的需求和偏好在短小的信息量中找到自己希望、想要的信息源以及愿意去关注的其他用户。每一个手机媒体的传播者都具有多重身份，他们不仅仅是接收者，也是选择性的传播者，也就是他们根据自己的意愿选择关注的信息和传播的信息，手机媒体所展现出来的人性化是传统媒体的无法比拟的，也实现了信息的接收和传递有效循环。手机媒体之所以受到大众的欢迎也从一定意义上表明它满足了大众的诉求。

（六）提供了自我表达平台

20 世纪 60 年代，美国著名社会心理学家米尔格伦最先提出六度理论，六度理论是指在所有的人际网络中，如果你想要去认识一位陌生的朋友，在你认识这个陌生朋友的过程中，最多只需要通过六个朋友。也就是通过朋友间的认识，两个陌生人之间只有六个人的距离。六度理论提出之后，依据六度理论建立的社交网站 Myspace 一度成为当下最受欢迎的社交网站。同样手机媒体这样一个新媒体也依据了六度理论，以手机媒体的代表微博为例，微博最明显的特

---

[17] 麻晶晶. 新媒体在突发事件网络报道中的力量——以微信"7·22"甘肃岷县救灾报道为例 [J]. 新闻研究导刊, 2016, 7（05）: 6-7.

点就是开放性，无论是朋友还是陌生人，甚至是明星名人政客，只要你愿意去关注都可以了解他在微博上的一举一动，微博的基本功能有发布、转发、评论等，在开放的交流环境中陌生人之间的距离缩短了。微博一方面为大众提供了交流的途径，另一方面也拓展了大众的交流范围和信息的传播范围。微博中的传播者 A 发布了一条信息，他的朋友 B 进行了转发，那么 B 的朋友 C 就会看到传播者的消息，进而关注 A，A 看到 C 的关注就会关注 C，那么六度理论在微博这样一个手机媒体的变更下就可以简化成为小二度理论，因为在新的传播方式的推动下，两个陌生人直接的距离最多只有两个人。微博在六度理论的基础上演变，使得大众的生活圈变得越来越小，人与人之间的沟通交流越来越多，由简单的文字、图像语言来展现生活的片段，通过这些片段拼凑出简单的生活。或许因为一个简单的话题而与陌生人就不同的观点展开讨论，来阐述自己的想法，聆听他人的观点，在这样一个不需要面对面的人际沟通中，微博为大众搭建了一个能够与不仅仅是朋友甚至是陌生人交流的新平台，新的交流新平台改变着人们的交流习惯和方式，也改变信息的来源和传播渠道、传播方式，这样一个新的交流平台给每天忙碌在应对社会发展的人们一个喘息的机会，一个可以不用花费很多时间、很多金钱就可以轻而易举地做到日常沟通。新的交流平台也解决了传统媒体信息传播过程中缺少互动的不足，使人与人之间、社会与社会之间、人与社会之间的沟通更快更方便。

三、新媒体的消极社会影响

媒体的发展历程离不开社会和人类的共同发展，交流与沟通也是人类生存所必需的。有交流就必然存在着传播，当新技术不断进步媒体的发展也随之进步的时候，新媒体的产生就不可避免地影响着人类的思维方式和行为等，同时也改变着信息传播的方向，影响着社会化的进程，在新媒体的影响下，人类的社会行为和交流方式以及社会、文化等方方面面都发生了前所未有的变化。

手机媒体的诞生，为媒体的演化进程增加了全新的内容。新事物的产生必然带着其特有的两面性，在引发了社会进步的同时也给社会带来了消极的影响。新媒体的不停发展是政治、经济、文化、环境等多方面因素共同作用，新媒体在发展过程中又反作用于政治、经济、文化、环境等，新媒体与社会在发展的进程中不断地相互促进又相互制约。

（一）导致把关的缺失

对于传统媒体来说，信息的传播一般流程是：记者发现事件—媒体把关—

传播给大众—形成一定舆论—反馈给媒体，在整个传播过程中不难看出，传统媒体是把握住了信息的来源和传播的内容，经过查找研究事实，把关变得简单，传播的内容也具有可控性，相当于受众所接收的消息是经过过滤的，滤掉了虚假、片段消息，传递给受众的是明确的、准确的消息。那么手机媒体这样一个新媒体中，传统媒体的把关作用微乎其微，受众不再被动的接收媒体传播的消息，而是主动的寻求符合自己需要、感兴趣的话题和消息，手机媒体要求的信息长度的缩短和限制也为其带来迅速反应提供了便利，相对于传统媒体几个小时甚至是几天的审核时间，手机媒体的迅速和便捷也使许多非理性化、情绪化的言论得到了更多的传播机会。缺少了传统媒体的过滤，接收的消息就演变成需要从消息的海洋中自行的筛选需要的、感兴趣的消息，而每个人的个性特点、教育程度、兴趣爱好不尽相同，每个人也有着自身的人生观和价值观，在这样一个大数据时代，把关和筛选尤其重要。手机媒体之所以受欢迎因为其简单、便捷，在简单、便捷的基础上要求用户做好把关和筛选时不现实的，这样就造成了新媒体的把关缺失。

把关可以分为两部分，第一是新媒体的把关，第二是大众的把关。

首先在新媒体的把关方面，因为新媒体的即时性，把关从传统意义上来说变成了天方夜谭，因为传播者在点发布的那一刻开始，关注了他的人都会看到、接收到，也许下一秒及迅速地转发了出去。每一秒钟都有无数条微博在不停地发布，通过各种渠道，各种网站转载，这也就意味着可以实现从其他平台上转载部分的把关，也就要求其他网络主管部门加强对其网络平台传播过程的控制，在一定程度上削弱缺少把关造成的手机媒体的影响，实现部分对信息传播过程的控制。其次是大众自身的把关，在缺少了传统媒体的舆论引导下，大众自身也缺少了对传播的信息的辨识度，大众身份的多样化导致传播的信息的多样化和复杂化，相对平等的传播环境，没有人再认为我需不需要传播，需不需要接收，而是自然而然的选择依据自身的特点传播信息。

传播的信息把关的缺失带来的社会影响非常巨大，在大众之间肆意传播的信息如果不加以控制很有可能引起民众恐慌和社会动荡，同时也给了别有用心的人机会利用这样一个自由的平台散播谣言，造成难以想象的损失，对手机媒体的发展也带来不利影响。

（二）带来思维的浅表化

手机媒体继承了传统媒体的特点，成为了集文字阅读、画面声音为一体的海量信息的传播媒介，越来越多的信息的汇总，为受众能够更深入的了解信息提供了便利，同时也影响了受众的思维模式。在对新媒体对于思维的影响，对三人进行了访谈，分别选取有代表性的12岁中学生；30岁上班族；60岁老年人。主要问题有三个：①（在使用手机上网之前）当你遇到不认识的字的时候怎么办？②在你工作或学习时，手机提醒微博有更新，你能够专心吗？③现在离得开手机吗？

12岁中学生：我是五年级家里才给买的手机，之前看同学们都在用，现在觉得手机真是好，我没用手机之前要是遇到不认识的字就问周围的人啊，老师、同学、父母什么的，都不知道的话就去电脑上查，或者查字典，但是电脑和字典都不如手机方便，手机可以输入手写，不像电脑只能拼音打字。现在我们班同学极少数没有手机的，有时候你注意看大家其实都在耍微博、微信，一堂课不可能一直都听课的。不知道别人怎么样，我现在离开手机连星期几估计都不知道。

30岁上班族：在使用手机上网前我还在读书，那时候遇到不认识的字就是查字典，不行就问别人，现在基本不用问别人了，有手机了嘛，有时候查到了还要来考考别人。工作中基本也离不开手机，只要手机一响就要拿起来看看，开会也不例外，领导都是手机响了马上看呢。手机现在太离不开了，早上上班坐公交可以看看新闻或者跟朋友聊下天，工作中联系也都是靠手机，打电话贵就发微信，有时候还会幻听，以为手机响了。

60岁老年人：世界的变化真快，以前有本字典都要好好的保存，现在基本都看不到孩子们在用字典了，我们也不用了，遇到不认识的字手机上网查呀。手机现在都是不离身，手表也都不用了，手机都是联网的，手表有时候还不准呢。

在手机媒体出现之前，网络虽然占据了大众利用资源的大多数，但是传统媒体并没有被取代，随着新媒体融合了传统媒体的资源，传统媒体的利用率越来越少，受众的思维也被固定在有不懂的立刻用手机上网查，有不知道在微博里创建一个话题，供大家讨论，受众的思维逐渐进入了碎片化的思考模式，不会去考虑前因后果，只注重结果的思维误区和缺乏思辨力造成的思维缺陷。

缺乏思辨力的思维会影响受众的总体思维能力，在这种思维缺陷的影响下，受众的行为和语言也会变得片面化、表面化，失去判断功过是非的基本能力。

（三）对主流文化的冲击

如果说传统传媒只是媒体的文化启蒙，让受众不得不被动的接收文化的传播，手机媒体的出现及广泛应用则使受众开始意识到主动寻找信息、传播信息，并选择性接收符合自身需求的正确的人生观和价值观。手机媒体的出现和快速发展，对于主流文化的冲击也是不可避免的，现在的人们，更愿意去关注微博上的新闻事件和新鲜事物进行泛阅读，而不是去买一份报纸来细读；更多的人会选择读几条短信，而非去研究深奥的理论；更愿意去读几本手机小说，而非文学著作。如果说网络提供给了人们一个能够不走出家门的消费娱乐渠道，那么手机媒体就缩小了这个范围，使人们随时随地的消费、娱乐、学习、生活。当多元文化走进我们的视野并且因此热烈的欢迎它的到来的同时，不得不审视我们同时走进了文化缺失的陷阱。手机媒体为更多的人提供了更多接触文化、学习文化的机会，也给多元文化提供了生存的空间，实际上也默认了低俗化和快速化的文化缺失。科学技术的进步的最终目的是提高社会生产力，促进社会的进步与发展，但是科学技术影响着社会，社会也会反作用于技术，如何在科学技术与社会发展中找到平衡点也是新媒体发展进程中必须面对的问题。如果没有正视问题的产生，没有适度的在问题过程中正确引导，没有在追求利益的同时认识正确的价值观，就会被高科技带来的技术牵着鼻子走，离真正的文化越来越远。手机媒体是一个缺乏历史、缺乏沉淀的文化，简短的文字和画面代替了传统书籍的阅读，手机文化以其新颖的方式、自由的特点挑战传统文化的权威，但是缺少历史沉淀，缺少文化根基的文化终归是过眼烟云，难以立足，唯有在发展过程中不断地积累沉淀，取其精华，去其糟粕才能跟随科技的发展带来社会的进步。

（四）沉迷新媒体产生"低头族"

一方面，由于新媒体传播信息内容非常丰富，既有文字、图片，也有音频、视频，而且传播速度非常快捷。对人们特别是青年人吸引力很大，许多新媒体年轻用户患上手机媒体依赖症；另一方面，由于现代社会工作生活节奏非常紧快，人们工作生活压力很大。平时很少有空余时间。只好充分利用上班路上、公交车里等空余时间使用新媒体刷微博、刷微信、聊 QQ、打游戏、看电子书、看视频、听音乐等，所以在公共场合低头使用新媒体产生"低头族"已经成为当今社会一种新常态。由于常常低头使用新媒体，不但引起颈椎生理变化，颈椎病呈现年轻"低头族"化，还会因注意力分散产生意外事故。智联招聘通过对 28 个主要城市白领进行手机指数调研发现，随着智能手机的普及以及智能手机自身功能的加强。白领在很大程度上被手机"控制"。近八成白领患上了手机依赖症。

（五）造成虚假信息和谣言泛滥

手机媒体的自由性和开放性等特征，使手机媒体本身比其他传统媒体更加方便和快捷。使用微博的大众能够随时随地在第一时间接触新事件的发生并且上传到网络，无论是发布的时间还是其传播的速度都是传统媒体不可媲美的，也正因为手机媒体的即时性，很多受众往往可以在传统媒体没有来得及报道甚至还没有意识到事件的发生之前就接触到相关事件的相关细节。以7.23动车事故来说，微博成为报道事故的第一阵地，在事故发生仅仅四分钟后手机媒体用户"袁小芫"发出了第一条新浪微博："D301在温州出事了，突然紧急停车了，有很强烈的撞击。还撞了两次！全部停电了！！！我在最后一节车厢。"[18]这条微博的发布，比传统媒体报道关于此事件的时间提前了两个多小时，使大众在第一时间得知了事故的发生，能够及时采取救援措施，争取了救援时间。但是另一方面一条微博可以引发如此大的关注上看，它带来的社会影响也是极其深厚的，假设7.23动车事故的第一条微博是一个为求粉丝求点击量的用户杜撰发布的，当看到这条微博。理所当然地以为是真实事件，不断地进行转发和评论，那么就会对社会的安定带来冲击。

由于手机媒体的用户大都是普通的社会人，具有其大众的普遍性和草根性，对于所接收的信息和要传播的信息缺乏专业知识的支撑，就导致了发布到社会的信息过程中缺少了自我筛选的过程，而发布出来信息也缺少了权威性，甚至为了寻求点击量故意发布虚假信息来引起重视。另一方面，对于信息的发布，因为手机媒体的简短性，不能概述事件的来龙去脉详细经过，只能简要说明事件，对于真实信息的传播也只能片面代替整体，误导大众。以"切糕事件"为例，2012年底，当地村民向新疆人买"切糕"时发生冲突，微博称达成赔偿16万元的"天价切糕"。这样一则消息迅速扩散引发了全国人民的热烈讨论，很多人都有过买"切糕"发现比自己预想的贵出好几倍的时候，在看到"天价切糕"的第一反应就是声讨"切糕"的所有者——新疆人，这样极易造成社会的动乱，那么为什么会赔偿16万元的"天价切糕"微博上没有详细说明，如果在这样一条消息之后详细解释16万的赔偿时如何计算，相信当时轰动一时的"天价切糕"不会如此受关注。

手机媒体的开放性不仅仅造成了虚假、片面信息的泛滥，加之手机媒体的传播具有不规范性和匿名性，很多别有用心的人找到机会借此散播谣言，使得信息像病毒一样迅速的传播和扩散，影响社会安定。在2012年的微博客账号查处中，有包括以"CCTV焦点访谈"和知名节目主持人名义开设的虚假账号4000多个，曾经有人冒用李开复的名字注册了Titter，而且得到了Twitter的认证，也就意味着Titter承认此用户就是李开复本人，这个账号发布的消息也被各大

---

[18]　王建英, 高敏. 微博传播机制下公民新闻发展利弊分析与思考[J]. 太原师范学院学报（社会科学版），2014, 13（01）：11-14.

媒体、网站进行转载报道，对李开复本人和社会认知都产生了不小的影响。从谣言的开始"金庸去世"虚假消息在微博上疯狂传播，到"铁观音迷魂抢劫"引发民众恐慌，再到"吃香蕉患癌"的传言导致香蕉一度无人收购遭受重大损失，微博从它的一出生就伴随着虚假信息，从来没有终止过，微博以它 27 亿的使用量带来了深厚的影响，一旦有不是谣言和虚假信息的大范围传播，对于信息的使用者和接收者来说带来的影响也是不可估量的。

自由是每个存在于社会上的人毕生所追求的，自由的氛围也是国家致力于带给大众的，但是自由不是你想做什么就做什么，而是你应该做什么不应该做什么，过度的自由只能打破既定的规则，徘徊在规则之外。手机媒体带来的自由氛围也带来了虚假信息和谣言的泛滥。

四、新媒体社会影响的控制

（一）政治控制

关于网络以及手机媒体的立法现阶段不仅在国内，全世界范围内都还处在一个探索和起步阶段。目前我国关注新媒体社会影响的控制也在不断进步的阶段，从 2010 年就要求办理手机上网必须进行实名登记，这也在一定程度上意味着我国政府在逐步地探索着如何以立法制度的方式来解决谣言、虚假信息的传播以及利用手机犯罪的问题。问题的解决不能只依靠国家争睹，在对于新媒体的社会影响控制方面，要明确责任主体、管理主体，在各种新的通信手段和传播技术的推动下，传播信息的个体都成了传播者，传媒行业也发生了大融合，在这种趋势下，应转变管理模式，将专业监管模式向混合监管模式转变。

例如，可以建立一个总的监管机构，将现有的所有与新媒体行业有关的行政监管权集中，然后在依据具体情况将权力下放进行分类，这样就可以形成责任制，哪方面出了问题就可以直接问责，而非在出问题的时候你推我，我推你，互相推卸责任[19]。由于手机新媒体具有即时性的特点，5G 时代已经近在眼前，加强新媒体信息传播监管机制显得尤为必要，净化手机，控制不良信息的传播，维护使用者的合法权益也是新媒体行业必须要面对的问题。

责任制的代表是贵州省在 2006 年出台的我国第一个手机报管理暂行办法，办法中规定贵州省可以申请手机报业务的只能是新闻出版管理机关，也就意味着如果你收到的手机报中虚假信息，那么就可以直接问责发送该手机版的新闻出版管理机关。虽然该暂行办法中有很多不完善的部分，但是带来的影响却是

---

[19] 刘晓. 新媒体的社会影响及控制研究 [J]. 视听，2015（09）：125-126.

积极的，也从一定意义上说明我因在手机媒体的法律法规的政策和监管上不断地进步。

（二）技术控制

新媒体从其产生到发展到对社会的影响都离不开技术，技术带给新媒体的负面影响也同样可以通过技术的手段来加以控制，并且最为控制新媒体的消极社会影响的主要途径和方式。通过技术来实现对新媒体社会消极社会影响的控制主要是针对传播信息的过滤和控制，这样的手段可以通过对软件和硬件的控制两方面来实现。

1.软件方面

对于新媒体的用户来说，保护自己的个人信息和财产不受损失是最主要的目的，还要注意下载的软件是否带有病毒。随着越来越多的软件类型的出现，电子商务、金融方面的软件业越来越收到使用者的青睐，这就要求软件的开发商在发布软件时要做好防范工作，使用软件的用户在选择使用的同时注意保护个人信息和财产，避免不必要的损失。

2.硬件方面

现在的手机也在硬件的方面做了很多改变：密码解锁、指纹解锁、面部解锁等，这些措施在一定程度上增加了手机的安全，也可以增加对负面信息传播的防御。因此，运营商在信息传播的过滤和控制是新媒体社会影响控制非常重要的一部分，作为手机媒体信息传播的把关者，运营商的责任和义务不可推卸。运营商可以做的包括对其供应商品的内容进行审查和把关，及时地清除和解决不良信息的传播和蔓延等。

（三）监督控制

手机媒体的使用者和受益者都是广大的使用者，使用者也是最好的监督者，因此要提高广大受众对于新媒体社会影响的监督意识。

首先，应该帮助使用者提高自身的防范意识和良好的使用习惯。对使用者使用手机而言，首先在选择使用的软件上，要选择正规网站或者官方下载，避免链接到其他危险网站造成不必要的损失；如果发现手机出现异常，应终止一切能够泄露个人信息的联网行为，然后求助专业人员解决问题，避免盲目相信不正规软件而泄露信息。

其次，要提高使用者的信息辨识度以及辨别和管理信息的能力。在对手机软件进行使用时，如果发现有难以置信或类似虚假、谣言等信息出现时，切勿进行转发或盲目传播，应查询相关部门的正规网站或者微博确认消息的准确性再行传播，否则就成了谣言等虚假信息传播的帮凶。

（四）行业自律

手机媒体的自由性、互动性和便携性使得信息的传播真正突破了全球化的概念，即时信息的快速传播使得传统媒体的监管与控制显得无地自容，"香蕉致癌"事件就清晰的说明了仅仅靠技术的把关来控制谣言及不良信息的传播根本是不现实的。在这种法律与技术都无法发挥其作用的情况下，首当其冲的是传媒行业的自我约束。传媒行业的自我约束主要包括传播者要从自身出发，控制负面信息的发出，如果一旦发出应立即进行传播控制，避免传播范围扩大，这就要求运营商加强对信息的管理，对信息的过滤以及对信息的监控机控制。

除了传媒行业的控制，还包括新媒体传播工具的制造商和供应商，为了增强竞争力降低成本，在投入市场前植入一些收费软件和广告，给使用者带来了极其的不便，同时也给负面信息的传播提供了渠道。这就要求新媒体传播工具的制造商和供应商增强社会责任感。

同时还要提高传播者的素养，对传统媒体而言，新媒体信息的传播者相对要求较低，只要能够精通的使用新媒体传播信息即可，给不良信息的传播提供了漏洞。不良信息的传播并非都是源自使用者，很大一部分是为了谋取利益的相关行业擅自发布不良信息，这就要求专业从事传播的工作者们具有基本的素养——不随意传播不经核实的信息。对专业传播者进行技能和素质培训也变得尤其重要。

无规矩不成方圆，任何团体、组织以致社会都需要有规则才能正常运行，法律、纪律以及政策等强制手段和道德、宗教、舆论等非强制性手段都以其特有的控制方式和手段在社会控制上发挥着重要的作用。社会这个大集体需要规则来规范，同样也需要手段来控制，才能够保证社会的正常运转。无论是国家、政府、传播者、传媒行业还是手机用户，倘若都可以做到在传播信息的过程中提前验证信息的真伪，传播中不滥加评论，做到应该遵守的法律和规范，那么新媒体的负面社会影响就会从源头开始逐渐减少直至消亡。

第三章 新媒体视野下的传播受众

在新媒体环境下，大众传播的受众发生了巨大变化，相比传统受众而言，当下受众的数量更为庞大而难以确定，受众构成成分极为复杂，参与态度更为积极。本章分为受众与受众特征、新媒体时代受众的需求、新媒体视野下大众文化传播的受众三部分。主要内容包括：受众的概念、传统受众的特征、新媒体环境下受众的改变、新媒体时代受众需求的应对战略等方面。

第一节 受众与受众特征

一、受众的概念

受众，中文字面意思为"接受的观众"。受众最初的概念可以追溯到古希腊古罗马在竞技场观看竞技活动与文艺表演的观众。随着造纸术的发明，出现了借助传播媒介的受众。电影和电视的发明，才出现了现代传播学中真正意义上的"大众受众"。他们通过电视和电影这种传播媒介，一起共享体验，分享故事与情感。大众受众的概念是芝加哥社会学派赫伯特·布鲁默提出的概念，他提出要让受众成为一个新的集群，所以他就将这一集群称为"大众"。而电子媒介的出现让"大众受众"的概念变得明确。

受众，是传播活动的终端，是信息的接受者，它是传播活动中的五要素之一。在大众传播的现代，受众是各种媒体产品的消费者，它是传播活动的最终目的地，传播者通过各种各样的传播方式与传播渠道将信息传递给受众，它也是传播内容的归宿。同时，受众是传播活动的积极参与者，没有受众也就没有传播活动，是传播中不可或缺的一环。所以，在新媒体时代，不管传播环境如何变迁，受众在传播过程中都占据着非常重要的一个地位。

二、几种主要的受众观

受众演变和受众研究的发展是同社会形态和传播技术的革新变化息息相关的，而人类发展史和人类传播史又是一部连续不能割断的历史，各个时期媒介技术发展既相互联系又不断革新。比如，怎样拿 19 世纪的舞台娱乐形式来比较 20 世纪的大众媒体甚至是 21 世纪的新媒体？虽然它们在制度上和技术上差别很大，但是每个时代条件下的公众话语表达中，人们对受众的关注是连续性的。如果对受众的讨论缺乏一个历史语境，可能当前人们对受众争论的核心议题曾经被翻来覆去倒腾过，有时名目相同，有时花样翻新。

（一）作为社会成员个体的受众

在新闻学研究领域，以前一般认为传统媒体受众在新闻传播活动过程中是被动的、无防护能力的、缺乏抵抗力的和缺乏互动能力。然而，如果把新媒体受众看作人类社会个体成员的话，发现受众处在人类各种社会关系中，有它们自己的社会背景和社会属性。新媒体受众使用新媒体的行为和选择阅读什么类型的新闻虽然看上去是个人行为活动，但这其实背后受到其社会环境和社会属性的影响和制约，比如社会群体属性、群体利益、群体价值倾向等多因素支配。这种"选择性接触"是普遍存在的，新媒体受众在传播活动面前并不是完全被动的，而是具有某种能动性，他们往往会选择与自身生存利益相关的新闻信息。新媒体受众从宏观上看是一个集合体，但从微观上看又是由具有丰富社会多样性的个体构成的，每个个体接触媒体的动机与心理又是不同的。传播学中的"使用与满足"研究（Uses and Gratifications Approach）把受众个体当作有着具体特定"需求"的个体来看待，把他们使用媒体的目的和接触媒体活动又认定是为了满足这一确切的需求[20]。然而这些都是受众个体为了实现个体社会化而做的活动。受众个体要顺利成为社会中的一员，必须要参加各种社会活动，认知了解社会客观环境，积累认知发展自己的社会性。作为社会一员的受众，其需求有以下方面：认知客观环境与最新变化需求、认知自我和理解自我需求、社会存在感与归属感满足等。①认知客观环境变动与新闻信息需求相关，就是指受众通过浏览阅读新媒体获取感知周围社会客观环境的变化，达到环境认知的目的。②娱乐需求，是指新媒体可给受众提供娱乐消遣，来减轻或转移生存生活带来的压力。③社会关系需求，即通过认知新媒体新闻中的人事，受众能构建一种"拟态"或真实的人际关系来满足人们对社会互动的心理需求。

---

[20] 雷欣蔚. 现实题材电视剧的"热播"解析 [J]. 新闻爱好者，2010（07）：86-87.

（二）作为媒介市场的受众

新媒体正在着力基于受众兴趣的"母爱算法"来经营管理媒体，就是受众需要什么内容就提供什么内容的方式来满足移动互联网时代用户对个性化新闻的需求。而作为传播发起者的新媒体越来越把新闻信息看作"产品"并把受众看作是这个产品的消费者来经营。受众看作是媒介市场消费者的观点，说明了媒体活动的某些市场经济活动的特性，如新闻信息的商品属性、媒体的经营性和媒体之间的竞争性，这些都揭示了受众作为媒介市场的消费者，所具有的某些商品消费者的行为特征。"把受众看作媒介市场受众的观点"现在虽说是绝大多数媒体机构尤其市场化新媒体的基本观点，不过，对受众市场属性的观点，跟着时代变迁也是有一个变化的过程。多数传统媒体把受众看作一个未分化的"大众"市场，其目标定位是提供满足普遍需求的信息产品或服务。而在媒体高度发达并且竞争达到白热化的新媒体时代，新媒体多进行细分受众市场与准确进行媒体层次定位，扩展提升具有特定具体需求的"小众"消费市场。

（三）作为权利主体的受众

新媒体受众不仅是新闻信息的接受者或媒介市场的消费者，他们也是社会治理和社会公共利益维护者以及公共意见形成过程中的参与者。从这个角度来定义，受众拥有正当的权利，这些权利包括传播权和知晓权等。新媒体时代下，人人都有麦克风，人人都可以当记者。受众获得了比以往更多机会的传播权，他们通过合法手段和渠道表达自己的认识、体验和观点思想的权利得到很大提高。

近年来，我国一直把信息公开作为一项政治改革来实施，"政府责任清单上网"都表明我国公共权力机构进入利用新媒体展开信息公开的新阶段。新媒体将进一步拓展受众的知晓权，同时，基于公共性和公益性之上，受众将更加积极主动地使用自己的知晓权。

新媒体环境下，受众接触媒体和使用媒体的便捷性提高，同时，受众参与传播的程度和与媒体社会互动的能力增强，新媒体建构的环境存在正成为受众生活的一部分。把受众看作是个体的集合还是集合的个体对于研究受众是十分重要的。把受众看作个体的集合有助于从规模或量的方面来把握受众的概念，但这并不能帮助我们理解和揭示受众的社会属性以及他们与媒体的关系，要解决这一问题，需要我们把受众看作为集合的个体来考察受众的社会属性和结构。

（四）嵌入式与间歇性注意

受众对媒介的不在意是随着时代的改变而变化的，受众也并非只是对新媒体才独有不在意，这一特征在媒介演化史上都以不同程度而存在。不在意是一种过于简单化的、甚至是带有误导性的描述，精确地应该描述为受众的间歇性（Intermittent）注意，而并非心不在焉或不注意。

比如，在中国20世纪三四十年代的戏院或影院里，受众心不在焉是常有的事，观众经常用唠家常、吃零食、带孩子甚至是打闹等来作为观看这些娱乐活动的点缀。受众不在意一定程度上涉及社交的能力。对熟悉戏院或影院的观众也可以说感觉戏院或影院不是什么新奇之物，戏院只是他们相互见面的一个场所。当前，新媒体已深度融入人类的生产生活，平均每人每周花在上网的时间大约为26.5小时。新媒体受众的间歇性注意并不是说受众不被新媒体新闻信息所吸引，而是他们的注意力是分散的，在浏览新闻、社交活动与其他活动之间来回切换游移不定。当新媒体上有最新的新闻出现时，受众可能会专心致志地阅读新闻，一旦此时有其他活动闯进，受众可能就会一边阅读新闻一边做其他活动，甚至会停下阅读新闻而去做其他活动。

传播学和社会学的专家都强调，新媒体受众的观看行为经常发生在家居或工作中，嵌入性与间歇性注意是此类传播活动的重要特征。新媒体如此嵌入人类的生产生活中，以至于它们具备了陪伴的角色。现代人每隔半个小时左右就会打开手机或浏览新闻或查看微信、QQ等，新媒体活动已经编入了人与人、人与社会群体的社交活动。嵌入性把新媒体受众的观看行为放在了更大范畴观众实践的语境之中，由此让我们去思考一个基本的问题，即受众在意与不在意根本差异在于，我们是将受众公式化为一个集合的群体，还是一个个个体的集合？[21] 当新媒体受众嵌入社交这样相互互动或更大的社会环境中时，受众并非只是关注娱乐，而且还相互关注，关注彼此的行为。

三、受众的角色定位

当前，以5G、VR、AR、大数据等为代表的互联网技术对传媒领域进行了革命性重构，从供给端到需求侧，传媒生态正在发生着巨大的变革。新媒体受众的组成结构、行为特征、身份定位等都与传统媒体模式下有所不同。毋庸讳言，如此重大的变革，对于媒体尤其是传统媒体来说，是一次艰巨繁重而又不得不面对的挑战。如果仅仅从供求关系层面考量，新闻媒体是新闻产品的生产者，

[21]　强荧，焦雨虹. 上海传媒发展报告：2018　网络生态治理与建设 [M]. 北京：社会科学文献出版社，2018.

受众是新闻产品的最终消费者。在媒体融合大背景下，如何为新闻产品消费者准确画像并精准定位，就成了新闻产品　供给侧（媒体单位包括传统媒体和新兴媒体）必须思考的问题。受众定位，即新闻产品生产者对于新闻产品消费者的认知，及两者在新闻传播过程中所发生的多维关系。在媒体融合背景下，新闻产品生产者的定义边界不断模糊、范畴不断扩大。

四、传统受众的特征

大众是现代工业化的产物，大众这一概念反映了受众的某些基本的特征。传统大众受众是群体化的存在，他们代表着广大的观众群体且处于变动之中；受众之间是没有任何的行为准则以及行动规范，他们是传播者操控的对象。传统受众与传播者之间缺乏一种有效的反馈渠道，受众的反馈无法准确准时地传递给传播者。西方批判主义对大众受众抱着一种悲观的态度，称大众受众群体缺少个性，容易受商业与政治的控制且缺乏理性。

未知性、被动性、娱乐性和选择性则是受众在使用媒介过程之中呈现出来明显的四个特征。

在传统媒介使用过程之中，比如在电视观看过程之中，传播者面对的不是一个个的人，而是一个个同样的群体，不同的节目、不同的话题、不同的时段、不同的收视习惯，让电视节目的收视过程变成了一个"未知"的过程。传播者对于受众是一无所知的，"他们"有多大，受过什么程度的教育，出于什么目的观看电视节目，收看过电视节目之后有和影响或者感染，这些传播者都一无所知，所以对于传播者来说受众是充满"未知的"，受众充满了未知性。

而对于受众本身来说，在观看电视听电台等传播活动过程之中，他们是一种被动的状态，受众无法改变电视台或者电台的节目单，无法调整节目内容，无法与传播者进行沟通，所有的一切收视的过程中都是被动接受和不是主动地参与。

通常来说，人们在闲暇时候才会在家观看电视，为了满足在精神上和心理上的对于娱乐的需求与享受。在上班或者工作的过程之中，很少有人会使用媒介进行娱乐活动。所以对于受众来说，看电视等媒介使用主要目的是娱乐消遣。

而对于不同的受众人群来说，对于娱乐的界定是不同的，小孩子观看动画片是娱乐，对于政府官员来说，观看新闻节目是娱乐，对于大学生来说观看纪录片是娱乐。个性的需求不同对于媒介的需求变得不同。

在个性需求的时代，在媒介使用过程之中，受众是根据自己的不同的喜好来选择不同的类型的传播产品来消遣时间，受众自己把握着媒介使用的主动权，充满了选择性。纪录片对于其他类型的传播产品来说，缺少娱乐性、收看兴趣等因素。要想将受众的视线吸引到纪录片上，要让受众选择纪录片，就必须对受众进行研究，投其所好地进行纪录片的创作。在纪录片之中，设置受众喜欢的娱乐性因素，从主体表达、题材选择等多方发掘纪录片的娱乐性。时代环境不断发展改变，纪录片的制作、内容与理念如果还是停留在以前的时期，那么受众就会用脚投票。

五、新媒体受众的特征

新媒体因互联网而生，互联网赋予新媒体多种与传统媒体迥然不同的特质，因此使新媒体受众天然地与传统媒体受众存在显著区别。新媒体受众的主要特征有如下几点。

（一）积极的参与意识

新媒体受众普遍较为年轻，有着积极参与公众事务、对社会事件发表见解的热情，热衷于在社交媒体上展示自己、评论时事。因此，作为新媒体用户主体的他们，非常乐于且善于与新媒体供给端以及其他用户交流。

（二）主动的选择自觉

新媒体受众有着较为强烈的自我意识和个性，趋向于根据个人喜好选择媒介内容，而非被动地接受。从技术层面来说，互联网特质也进一步强化了这种趋向，即媒介市场提供的产品越来越繁复多样，但选择权却一直掌握在用户自己手中。

（三）分化的用户群体

社群化是网络新媒体的显著特征。用户被大数据分类、选择、归集，同时又对媒体内容反向强化。通常，某个公众号或客户端的订阅群体会随着内容题材、表达方式、社会阶层的趋同，呈现相对统一的"外貌"，形成一个明显的社群团体。以"澎湃新闻"为例，运营者通过对后台数据的分析，可以清晰地了解到用户的年龄、性别、地域、学历层次、使用习惯甚至终端品牌等关键数据。

（四）强烈的身份认同

用户会在同一个内容提供者处得到认同感和归属感，同时，由于互联网对用户的控制性较弱，使得某一用户群体的身份认同更趋强烈。值得注意的是，这种特性会令某些互联网亚文化、非主流文化的泛滥，易造成社会价值体系的断裂，需要监管部门加强引导。

（五）高昂的获取成本

互联网媒体已经度过红利期，进入竞争残酷的"红海"。据统计，目前一个新发的市场化公众号获客成本接近40元／人，并且这个数字仍在不断增长中。这一方面是由于人力成本的增长，更重要的是优质内容成为最稀缺的资源和最难跨越的门槛。

六、新旧媒体下媒体与受众关系差异

据中国社会科学院新闻与传播研究发布的《中国新媒体发展报告（2020）》显示，新媒体已经是大众获取新闻信息的主渠道。互联网媒体成为受众获取资讯的首选渠道，移动端正成为媒体争夺用户资源的主赛道。就我国媒体发展现状而言，头部新媒体不断涌现，有代表性的有"澎湃新闻""GQ实验室"等，其中既有由传统媒体转型升级而来的融合类产品提供者，也不乏自媒体新闻与泛新闻产品提供者，他们与其受众共同构成了当下新媒体传播生态圈。新旧媒体与其受众的关系也随传播生态的演进发生了相应改变，具体来说有如下几点显著区别。

（一）传播路径之别

囿于技术限制，传统媒体传播路径是线性、单向的，媒体对内容选取和传播方向有着相当大的支配权，受众只有接受或不接受的权利，而对内容本身并无更多主动筛选能力和控制权限；与此对照，新媒体依托大数据筛选、用户画像等技术手段，可以对用户精确分类，根据自身优势，对特定用户进行有效推送，从而呈现多元、多维、多向的显著特征。

以"澎湃新闻"为例，其根据后台对用户的精准画像，服务器每日向特定用户客户端推送5～6条他们可能感兴趣的新闻，再根据用户对于这些新闻链接的打开频率和浏览时间，进一步优化推送机制，用户与媒体间形成互动强化关系，使用户黏性进一步增强。当有重大新闻发生时，就能显著提高推送的时效性，同时加大推送的覆盖面。

（二）回馈机制之别

传统媒体的供给端与需求侧之间往往缺失反向回馈机制。现在，不少传统媒体正积极运用新兴技术手段，力图消弭这一壁垒，抹平与用户之间的鸿沟，但与网络新媒体与生俱来的互动性相比，效率依旧不高。反之，网络体系下的新媒体则会主动寻求与用户的双向交流，并将与用户的互动频率、互动效率作为重要的内部评价指标。例如，"澎湃新闻"的做法是，定时分析用户行为，追踪用户动态，根据数据变化，总结并改进推送方式。如某个用户对于国际新闻有着特别的偏好，那么服务器就会针对此用户加大这类新闻的推送频率。

（三）参与方式之别

传统媒体因技术短板，通常不善于主动维护受众群，这就造成传统媒体受众缺乏真正参与内容制作和发布中的有效途径。而新媒体受众则有更多参与内容的路径选项，从早期的BBS到如今的社交媒体，从网页端到移动端，内嵌于互联网媒体的多元连通机制和去中心化的发展趋势使得用户可以更方便地参与到内容制作和发布中去[22]。举例来说，"澎湃新闻"客户端"我的"菜单下，特别设置了"用户反馈"和"新闻报料"按钮，注册用户可以在这里直接向编辑提出建议、传送新闻线索。与传统媒体相比，这样"一键直通"的方式大大降低了用户与媒体沟通的成本。

（四）获取用户之别

传统媒体获取用户主要依靠高质量、有深度的产品，这也是其得以立足的核心竞争力；而新媒体则长于利用大数据筛选锁定目标用户。

前者的用户忠诚度较高但获取效率偏低，后者可以在短时间内获得大量精准用户，但也同样需要持续的高质量内容输出以增强黏性，而内容以及生产内容的人才资源往往是新媒体的短板。

仍以"澎湃新闻"为例，在客户端上线之前，"澎湃新闻"网站已经运营几个月，依靠高品质的新闻产品，"澎湃"这个品牌已经吸引了大量用户的关注，为客户端上线运行获取了第一批初始用户。其后，"澎湃"及其背后强大的传统媒体背景人才，靠着源源不断输出高质量内容，为新闻品牌持续赋能。

（五）生态环境之别

传统媒体从业者整体素质较高，也拥有较为丰富的新闻理论积淀和较为厚重的底蕴，运行机制成熟，规范专业健全，这些都使得传统媒体整体上呈现出更为稳健的运行态势，与受众的关系也更为平和稳定。与之对照，一部分新媒体追求高效、寻求"夺人耳目"，随之而来的往往是稳定性不足，内容碎片化、同质化、泛娱乐化，公信力不足。"澎湃新闻"客户端是传统媒体成功转型的

[22] 严冰，单从凯. 数字化学习资源[M]. 北京：中央广播电视大学出版社，2015.

代表之一。当许多互联网媒体以泛娱乐化的浅阅读占据市场时，"澎湃"却独树一帜，专注于时政类新闻的深度二次开发，坚持向用户提供有更多知识性、专业性的有价值内容，并因此立足于竞争"红海"。

第二节　新媒体时代受众的需求

一、新媒体时代受众的改变

（一）受众身份的改变

在传统媒介理论中，受众是被动接受者的存在 受众是整个传播活动的终点。早起传播效果研究"魔弹论"认为受众在传播活动中如同被枪击中的人一样"不堪一击"，很容易被传播者控制。但是随着新媒体时代互联网的发展，受众不再是大众受众概念中传播活动的最终端被动的接受者，而是传播活动中的信息制造者与主动传播者。

互联网技术的发展，让媒介传播活动不再以单一的传播模式出现，微博、短视屏 APP 平台，以及视频直播平台迅猛发展"人人是记者，人人是导演"变成了现代的流行。在现在兴起的"弹幕视频直播"的模式中，受众在传播活动过程之中，能够通过视频中的"弹幕"文字与传播者进行反馈互动，传播者通过字幕的反馈与互动还能实时对传播内容进行修改。此时受众身份不再是传播活动的终端，而是一个积极的传播者，甚至是传播内容的制定者，传播者与接受者变得越来越难以界定。

手机媒介发展与移动互联网的发展，改变了传统传播者如电视节目对于受众的强制性的传播，手机媒介改变传统媒介线性化的传播方式，给了受众主动选择性，让被动的受众变为了主动的受众。受众的这种改变对于纪录片创作来说既是一种机遇也是一种挑战，纪录片的创作应该更多地以受众的需求为基础。

（二）受众阅读习惯的改变

受众的阅读习惯在现代新媒体环境中也发生了改变[23]。现代社会娱乐至死与碎片化的时代，人们的生活节奏越来越快，人们已经很少有一个完整的时间像以前一样一家人守在电视机面前完整的观看电视节目。人们渐渐对于产生了对于碎片化、移动化的媒介终端的需求。手机终端的出现，彻底改变了受众们

[23]　张颖．新传播环境下我国传媒业转型升级之道 [J]．新闻世界，2015（05）：8-9.

的阅读习惯，在公交车上、在地铁里、在路边，手机媒介满足了现代人们随时随地获取信息的需求，受众的阅读移动化成了现代受众阅读习惯的一个特征。正是因为现代人们时间的碎片化，让人们的注意力不能得到长时间的专注，于是文字版的深度阅读变为过去式，取而代之的是图片和影像时代。手机媒介填补了人们对于上下班，工作休息之余碎片时间消遣的需求，现代受众阅读碎片化也成了不可逆的趋势。

（三）受众的分众化与年轻化

新媒体的受众主要集中在年轻人群之中，年轻人个性化、私密化和随性化的追求，与新媒体提供的个性化的服务与体验的传播内容模式相吻合，所以新媒体更容易受到年轻人的追捧与青睐。

对于受众来说，不同的年龄、社会经验、受教育程度；不同时间使用媒介；不同的性格等都会对同一部纪录片产生不同的理解。受众作为不同的个体聚集在一起成了大众，但是他们之间的每一个个体都是存在相当大的差异性的。新媒体发展，赋予了受众选择的权利，受众会根据自己不同的爱好，选择自己喜欢的传播内容。

以不同的特点去吸引不同的受众，去满足受众不同层次的需求，这是受众分众化媒体给予的传播策略。新媒体时代的传播者用"少量多样"来满足不同受众群体的需求，这是一种适合现代媒体生存的模式。而面对受众化与年轻化的受众，纪录片的创作更应该根植于现代青年文化与亚文化的土壤中，了解他们的兴趣和需求，才能让纪录片在新媒体时代更好的发展。

（四）受众媒介使用方式的改变

随着计算机技术的发展，不仅仅让文字实现了数字化，还让图片、音频、视频实现数字化。让传播内容以一种新的呈现方式出现在了计算机平台上，数字化的发展让各种信息变为0、1两种进制密码，让以往界限分明的不同的大众传播方式能以同样的形式得到批量的同质化的处理。各种传统大众媒介报纸、杂志、电影、书籍、广播等差异变得越来越小，让媒介之间相互融合成为了可能。随着科技的发展，传播终端变得越来越小，到手机媒介的出现，加速了媒体的移动化的趋势，手机媒介化与终端移动化即现在的移动互联技术，对传统媒体带来巨大的变革。

计算机发展的同时移动互联网技术也飞速发展，从以前的拨号上网，到现在4G甚至5G移动互联网技术，让信息的传播打破了固定的空间限制。随着移动互联网的广泛覆盖以及手机终端的兴起，大众媒介传播活动从固定化向移动化进行转变，拿起手机终端，随时随地就能接收信息。媒体的移动化也深刻改变着人与媒体的关系，使得媒体的使用越来越个人化。20世纪八九十年代，一个家庭挤在狭小的房间一种一起收看电视节目，这是当时家庭的共同的生活的部分，电视媒体在当时是联系家庭成员之间的重要纽带。而在快节奏和碎片化的现代，电视不再代表家庭信息的共享终端，在手机上也能接收到电视媒介的节目，并且还提供更多的跨媒介的传播内容。手机终端的发展，让媒介行为越来越个性化与私密化，受众的媒介使用方式从大众化如电视广播慢慢地向私人化手机终端转变。

二、新媒体时代受众的心理特点

当前新媒体时代的主要代表便是网络媒体[24]，而此类媒体无论是在内容方面还是互动形式方面，都打破了传统媒体的束缚，其内容显得更为丰富多彩，且选择范围更广。比如，受众随意登陆某一个门户网站的首页，就能看到自己想要的各种信息，包括视频、新闻等，或是有关生活、教育、文化、科技等各方面的知识。这些海量的信息吸引了广大的读者，同时这部分读者又提供了更多的信息。

（一）受众具有选择性的需求心理

和传统的媒体相比，新媒体的受众拥有更加强烈的选择性需求。在网络媒体推广开来以后，传媒信息变得日趋丰富，种类繁多。在这样的情况下，新媒体受众就更希望能从中挑选出自己偏好和感兴趣的信息。另外，随着社会的发展脚步不断加快，人们的生活节奏也越来越快，新媒体受众通常没有太多时间去接纳各种类型的信息。为了节省有限的时间和精力，受众也会带有针对性地搜索并查看信息，对传媒信息进行选择性的理解和记忆。从一方面看，这是由于受众的兴趣不同而导致的，从另一方面看，这也属于新媒体受众对自身主体地位的维护行为。

（二）受众具有娱乐化的心理

在当前时代中，网络媒体的受众不单单是想要获得政治方面的信息，其更需要多元化的风格。因为现代社会的人们承受着越来越重的生活压力，他们希望能在传媒信息中找到一种娱乐感，以此来缓解自身的压力。尤其是我国目前

[24]　丁玲. 新媒体时代受众心理特征分析 [J]. 新闻传播，2012（11）：28.

正处在经济发展的转型阶段，人们的价值观容易背离原来的轨道，内心也有不少负面情绪需要宣泄，这也在一定程度上强化了受众的娱乐心理。和其他娱乐形式比起来，传媒娱乐显得更为简单、便捷，受众不需要花费太多时间和精力，有的时候只需用十几分钟观看一个娱乐视频，其心理压力和工作带来的劳累就能得以释放。因此，大多数受众都希望传媒具有更强的娱乐功能，可以舒缓自己的精神与情绪。从现在的媒体发展 情况就可以看出，不少信息都带有调侃、幽默的意味，这也是迎合受众需求的结果。

（三）受众具有较强的主体意识

在以往的传统媒体中，受众经常只能被动地接收信息，而在网络媒体时代下，受众的地位发生了极大的转变。他们不仅可以积极地互动，发表自己的言论，同时也能成为信息的传播者，这便是网络媒体的主要特征之一。比如现在流行的微博，所有用户都能成为微博的主人，在自己的微博页面上自由发布一些自己感兴趣的信息，分享给他人，并和其他用户交流沟通，完成积极的互动。对于微博来说，每个人都是信息传播的主体，而真正的媒介主导者反而隐藏起来，只是给用户提供了一个良好的平台。再比如药家鑫事件发酵后，受害者家属经由互联网获取了群众的舆论支持，而在广大网民的压力下，凶手最终受到了法律的处罚，社会也接受了一次公正的洗礼。而这便是由于受众主动参与信息传播，进而起到的有效作用。从这里就可以看出，当前社会新媒体受众的主体意识已得到明显增强。

三、新媒体时代受众的需求分析

受众需求是指受众有意识、有目的地利用新闻媒介来满足自己的不同需求。不管是报纸还是广播电视，受众接触这些媒介的行为都是基于某些特定"需求"之上的。受众的媒介需求表现在两个方面：一是媒体提供的内容产品和服务本身；二是提供的方式及为受众带来的体验。城市化进程和社会分层造成了都市社会结构的变化，新的社会阶层以及新的信息需求不断产生。新媒体的产生和发展也不断更新着人们对传播传授方式、信息消费观念的理解和认识。在社会与技术两种因素的推动下，当下新闻信息传播方式和传播格局正发生着巨大的变化。

今天，人们不再满足于被动地接收安排好的节目，希望可以自主地选择，希望更及时、方便、快捷、低成本、愉悦地获取信息，希望媒体提供信息的方式更加人性化。传媒越能满足受众的现实需要越能吸引受众。受众的现实需要，就是对大众传播中与其现实生存与追求目标直接相关的信息的需要，也包括消遣娱乐、知识学习、解惑释疑、寻求情感上的慰藉等，这种种需要都要通过受众对传播媒介和传播内容的选择来获得和实现。一般来说，传统媒体都是大众化的，无法满足个性化的需求，而新媒体却可以面向特定受众，面向个人，定制他需要的信息，做到真正的全新意义上的分众化。

传播者和受众分别是信息的出发地和目的地。他们在统一的编码和译码体系里通过传播媒介相联系。传播者将信息进行制作、修改和扩展；受众则对这些信息进行有选择的记忆、归纳和处理，并做出相应的反馈。二者相互制约，相互影响。受众在接受信息的过程中具有一定的能动性，对大众传媒内容是有选择的，并不会全盘照收地接受大众传播中的信息。所以，大众传媒对受众的影响效果并非万能，不是所有的受众在大众传媒面前都毫无主见。受众还受到很多方面的影响。比如，受众还有"成见"的存在，还会受他所在的人际环境的影响，特别是受生活在他周围的具有一定影响力的"意见领袖"的影响，这对人们的意见、行动和态度起着相当重要的作用。

在个性张扬的今天，受众需求已日趋多元化，亿万人民同看一张报纸的时代早已一去不复返了。如今很重要的一点是读者阶层的"分众化"，而且同一阶层、同一受众群体也出现了"分众化"。从营销观念上看：大众→分众→个人；从传播功能上看：教化→服务→娱乐；从传播方式上看：固定→移动→双向互动。显而易见，在未来的传媒市场上，互动性高的媒体将有更大的发展空间。传统媒体时代，即使某一家报纸对市场进行细分，也不过将读者大致分为"年轻与年老""富有和贫穷""有文化与没文化"等有限的几类。但在今天，社会阶层日益分化，年龄代沟、性别区分、区域差异、行业壁垒日趋显著，除一般化的信息外，不同人群都有自己特殊的信息需求，这决定了他们会根据个人及所属群体的喜好来加以选择。信息时代的受众更关注自身利益。所以，媒介是否代表了受众的利益，反映了他们的呼声，是受众是否接受和关注该媒介的首要因素。受众的多元化表现还体现为，除了与自己利益切身相关的经济、政治上的需求之外，他们还有个人兴趣、性格和情感喜爱等需要。正因如此，一些与群众基本生活并不十分密切相关的社会新闻、体育新闻、文艺新闻乃至花边新闻，同样也有一定的受众群。

受众不仅会根据各自的利益与兴趣选择不同的媒介，从而形成相对稳定的关系，而且对信息从注意到理解到记忆的每一步过程，其实都渗透了受众自主选择的痕迹。人们总是希望接受与自己原有倾向相一致的信息；对所接受的同一信息，不同的受众就可能有不同的理解；对于自己接受并理解的信息，受众也只选择那些自己愿意记住的信息，进而内化为自己的认知。从传播来讲，只有被受众接受、理解并记住的信息，才达到真正意义上的传播目的，而其他信息对非相应的受众来说则是无效和无意义的。今天的受众变得越来越"挑剔"，越来越有批判性。受众常常要站在自己的文化立场上对传媒的文本进行自己的解读，这使得传播者难以把握受众的需求，难以得知自己传播的效果究竟如何。因此，传播者一方面要了解受众的需求，进而研究如何使自己成为受众文化的一部分；另一方面，传媒还要了解受众如何解读传媒的符号，如何表达他们对传媒文本的解读，传媒还要完成传播过程当中的一个重要环节——反馈。也就是说，传媒先是受众的传播者，然后又是受众的"受众"。

如今，受众被称为传播者的"上帝"，从对受众选择条件的不断改进，到给受众制造一个良好的选择环境；从对受众种种需要的了解，到分析受众的选择心理，这都是传播者所要认真研究的课题。只有认真研究"上帝"的需求和心理，传播媒介才能"对症下药"，才能让受众心甘情愿地选择自己，才能获得理想的传播效果。

随着社会和媒体的进步，受众需求越来越呈现多样化、多层次化和高层次化。根据马斯洛的"需求层次论"，人的需求依次分为较低层次的生理需求、安全需求，以及较高层次的社交需求、尊重需求和自我实现需求。低层次的需要得到满足后，它的激励作用就会大大降低，较高层次的需要成为推动人的行为的主要动因。并且越高层的需求，其激励性越大越持久。从社会发展的角度看，自由与平等是人类向往与追求的两大基本价值取向，媒介发展的历史也是人们在传播领域追求自由与平等的过程。不同媒介间的高层次竞争，实质上就是满足人的这两种内在需求能力的竞争。对自由与平等的追求作为一种新的传播理念，已越来越清晰地呈现在人们面前。随着媒介的日益发达，受众在通过大众媒介满足获取信息、接受知识、了解社会等基本需求后，高层次的归属感、信任、尊重、审美、娱乐、自我实现等需求进一步凸显。

因此，今后媒介竞争的重点，会逐步转向较高层次的"自我""超我"需求的开发与满足上，而不是仅仅停留在较低层次的"本我"层面。在对受众"本我"需求的满足上，也不能曲意迎合不健康的感官刺激和低级趣味，陷入"低俗化"的误区。当然，受众需求层次的"上移"，并不是要媒体放弃对其基本需求的满足。媒体只是应该以更加人性化地满足受众深层次需求为中心，不仅要满足受众较低层次的需求，更要满足其较高层次的精神与心理需求；不仅要在传播内容的丰富性上满足受众的需求，更要在传播方式的人性化上满足受众的需求；不仅要满足受众作为信息接收者"受"的需求，还要满足其作为信息创作者、传播者"传"的需求。

　　"需求层次论"还表明，越往下层的需求越具有相近性，而越往上层的需求越带有独特性。受众由共性的、普遍性的需求向个性化的、分众化的需求转变，既是媒体面临的挑战，也是新的发展机遇。传统的一对多、点对面的单向传播方式必须改变，媒体要根据受众需求的差异性，面向特定的受众群体或大众的某种特定需求，提供特定的信息与服务。

　　新媒体的内容可以根据受众的反馈不断地调整、修改。新媒体提升了大众传播学的"长尾理论"，把长尾巴中不为大多数受众所关注的内容展现给了分众，使其得以跳出"必读"而实现"偏爱"。在技术形态方面，新媒体借助于网络技术和检索技术的进步，在特定的信源与信宿系统中发挥信息的聚合作用，将"必读"与"偏爱"相统一，以比传统媒体更为定向的传播方式，实现了实时与准实时的交互服务。新媒体的互动性还包含用户的自由进出。传统媒体那种不请自人，随便进入私人空间的不速之客式的内容，当然被排除在新媒体之外。与报纸、广播、电视相比，只有新媒体才真正具备可以随时发布的可能。新媒体无时间限制，随时可以加工发布。通过新媒体，受众可以在第一时间得到信息，又可以随时调看。黄金时段的概念被弱化，人们可以随时、随地、随心地满足信息需求。新媒体满足了分众化的内在需求，使人们在获取信息和沟通交流中做到了省时、省力、省钱、省事、省心。它改变了传统媒体"我写你看""我播你看"的被动、甚至强迫的单向传播关系，使人们在信息传播中的主动性、选择性、参与性、互动性大大提高。

　　新媒体的典型代表是网络媒体，网络媒体是计算机和现代通信技术结合的产物，它更符合人们快速获取和加工信息的要求。在计算机网络发展的初始阶段，人们通过网络传递文件，远程登录到其他主机或数据库检索信息，相互交流信息，或就共同关心的问题展开讨论。20世纪90年代中期开始，将全世界各种计算机网络联成一体的因特网开始发挥大众传媒的作用。网络媒体以大容量、超时空、多媒体、交互性等为特色。它的受众已经不能称为受众而是统称为"用户"，用户不同于传统媒体的受众。他们不是处于接收端被动地接受信息，而是上网主动搜寻自己需要的或感兴趣的信息。面对计算机屏幕，类似于面对电视屏幕，受众的目光是呈"之"字形的扫描，而不是面对印刷媒体时的逐行扫描。用户手中的鼠标又类似于电视频道遥控器，可以随时点击其他链接，跳到其他页面或站点。现在，新闻定制已成为各大网站必不可少的竞争法宝。同样一个网站，用户面对的内容可能不同。用户定制，或者网站根据用户的操作习惯，通过新技术，给予不同的内容呈现，这是新媒体受众的重要特征。

四、新媒体时代受众需求的应对

受众角色的变化要求新媒体不仅要在信息传播上满足受众接受信息的需求，更要满足受众平等参与信息传布的需求。这就要求新媒体必须突破传统媒体以传者自居的傲慢思维，树立以受众为本的意识，满足受众的个性化需求[25]。

长久以来，传媒界一直有人高呼"报纸消亡论"，现在也有部分学者质疑传统媒体将在新媒体的浪潮中被淹没。这从侧面说明了新媒体强大的辐射力和对受众的吸引力。但几十年过去了，报纸并没有消亡，依然在顽强生存着。它存在必有它存在的理由，纸媒经过长时间的经营已经有了一套成熟的体制机制和一套专业化的采编队伍，并在社会中积累了广泛的人脉资源，它的权威性和正统性得到了受众的认可。

因此，新媒体要突破发展，不能无视传统媒体拥有的资源和实力，比较好的选择是与传统媒体共同搭建互动大平台，在内容、渠道、品牌等方面实现优势互补，实现双赢的局面。这无论对于传媒业还是受众，都是有利的。

品牌是一种基于受众认可而形成的资产。这种无形的资产比起有形的内容和渠道更具价值。要塑造新媒体品牌，需在理念、内容和管理上下功夫。

综合观之，树立以受众为本的意识，尊重受众，满足受众的个性化需求，与传统媒体构建互动大平台，确立品牌优势培养媒体忠诚度，开创广告新模式，成为新媒体产业应对受众变化的突破点。

（一）尊重受众满足个性需求

新闻媒体作为一种社会公器，坚持受众为本理应成为媒体的崭新理念。目前，新媒体为信息的传播增添了很多渠道，社会环境和社会结构呈现多样化，进而引发人们思想观念和价值取向的多样化，如何坚持受众为本、最大限度地满足受众的阅读视听需求，既是传媒业肩负社会责任的题中之义，又是事关媒体生存和发展的重大课题。

1. 尊重受众自主意识

经济的发展满足了人们基本的生活需求后，人们开始向审美、受尊重及自我实现的需求靠近，受众的自主意识逐渐提高。受众的权力经历着这样一个进化：从被动的接收权到主动的选择权再到互动的搜索发布权，这种权力博弈关系的改变，首先意味着传播内容的空前暴涨，受众的选择多了，其次意味着受众主体在媒体与受众的关系中占据了更加重要的位置。受众逐渐成了拥有强烈自主

---

[25]　叶冲. 头部视频平台 Vlog 同质化问题成因及对策 [J]. 北方传媒研究，2021（01）：23-25.

意识的个性化的个人。

因此，在网络和数字化时代，必须对传媒和受众之间的关系重新定位，那就是重视受众在新闻传播中的地位，不再把受众看成是大众媒介的依附者，真正实现从"传播者中心"到"受众中心"的转变。新媒体应充分发挥其双向互动、平等参与的特性，发展网上博客、社区等公共平台，满足受众的自由交流需求。

2. 满足受众个性化需要

每个人都希望自己是与众不同的，从受众个性化心理出发，提供个性化的内容、信息服务与特色服务满足受众的需求，这是新媒体的必修课。同时，媒体不能一味不加选择的满足受众的需求，还应通过客观与主观的协同规范来引导受众的需求，培养受众的高品位和高素质，这也是媒体履行社会责任的应有之义。

（1）内容供应：追求个性化与本地化。

时代环境在变，受众的生活形态在变，接触媒体的时间、地点、方式和习惯都在变。因此，新媒体的内容供应也应随着受众的变化而变化。无论怎样变化，内容供应的一个通则是：开发新产品，提供个性化的产品。现在有了一定经济基础的受众都追求与众不同，尤其是年轻人，对于新出现的电子产品如iPhone12、ipad等都爱不释手。另外，受众天然有对周围环境信息具有亲近感，地方化的内容对部分区域受众具有吸引力，强化区域信息娱乐内容的供应，就牢牢抓住了一部分本地受众。

（2）信息服务：与传统媒体合作共赢。

丰富内容的提供只是完成了受众个性化需求的第一个层面，信息服务的量与质能从更深层面上满足受众的需求。网络上庞杂信息的大量充斥，耗费了受众很大一部分时间和精力，由此，受众对信息的精确化提供提出了要求。传统媒体的权威性和严谨性经过长时间的实践积累已经取得了受众的认同，但是，网络媒体并没有采访权，网上新闻、资讯的采集、编写、发布都是由传统媒体的采编人员完成的，而网络媒体只是进行新闻的转载。因此，网络媒体仍需借助传统媒体的采编力量，与传统媒体进行采写方面的合作，既可节省人力物力，也可避免版权纠纷，而传统媒体借助网络的迅捷专播也可得到更广泛和更大范围的推广，这于双方均有利。

另外，网络媒体还可通过对信息的分类整理，剔除显而易见的垃圾信息和无用信息甚至是有害的信息，对搜索词进行更细化的分类，提高精确度，进行精确性传播，这将很容易获得受众的好感。

（3）特色服务：根据受众个性化心理。

突出特色，才能在众多媒体中脱颖而出。以手机媒体为例，手机是一种很个性化的媒体，现阶段手机媒体的盈利途径除了降低资费、提供灵活的订阅方式之外，还可以提供各种附加服务、特色服务，形成较好服务体系，为新媒体开发更广阔的潜在市场。报刊是手机运营商最早的合作对象，如《扬子晚报》提供的"扬子随身看"，用户短时间内就超过40万。大学生是手机一族的最大群体，推行特色服务首先要瞄准有效客户，进行精确的受众定位后，就可根据大学生张扬、追求新鲜和刺激的消费特征进行服务营销，还可通过赞助各大高校文艺活动，走近学校社团等形式，大规模开展校园营销，提高在大学生中的影响力，扩大用户规模。

（4）引导受众：主观和客观协同规范。

无论是传统媒体还是新媒体，为了自身的生存有盈利的压力，但我国传媒存在的意义更重要的是履行自己的社会责任，弘扬真善美和社会主旋律，而不应一味附和受众某些低俗化的需求。为此，新媒体可以通过客观和主观两方面的规范来引导受众的需求。

一种是客观的规范，即加强对网络和手机传播相关法律、政策的制定，根据这些客观标准来引导受众，并对受众的言行形成约束。如可以采取技术上的制约措施。在用户需要下载电影的时候，可设置手机验证码或其他可识别身份的手段，在用户每次收看之前都对手机进行验证。

另一种是在网上发布某些权威导向正确的意见或行为，向受众灌输美好的价值观念，用正面积极的信息培养受众良好的心理需求。这样受众积极向上的需求又促发新媒体提供健康积极的内容，形成一种良性互动。

（二）寻找空白搭建互动平台

新媒体树立了以受众为本的意识后，从选题中寻找传统媒体尚未触及的空间，争取最大范围内覆盖盲角，进行抢位，这是一种比较容易实现赢利的做法。

与此同时，充分利用新媒体自身的特性搭建好互动平台，与传统媒体在渠道和平台上实现资源共享，新媒体实力将得到进一步的巩固和增强。

1.广泛覆盖盲角

通过寻找新的受众接触点，新媒体可以挖掘到旧媒体不能覆盖的传播盲角[26]。盲角即是媒体还没有达到的地方，或者是即使到达了，也没有传播效果

---

[26] 王东熙.论新媒体之"新"——从传播模式角度谈新媒体的分类和定义[J].东南传播，2009（05）：25-27.

的区域。新媒体在这一块上做文章，较易在传媒格局中竞争胜出。新媒体在互动形式上就大有可为。在传统媒体中，一般的受众只被看成是信息和娱乐的被动的接受者，而实际上，与接受信息、意见和娱乐相比，人们更乐于去传播信息、意见和娱乐，创造带来的满足感将更甚。换句话说，受众更愿意为传播个人的意见付费。

（1）新闻选题的盲点。

传统媒体的报道很大程度上忽略了弱势群体的需求呼声，因为他们反映需求的渠道是最少的、声音是最微弱的，很容易被媒体忽略。相对来讲，那些政治精英、知识精英、财富精英却有很大的话语权，可以发出很强的声音，从而使他们的需求成为显性的"受众需求"。但是，和谐环境的构建更需要听到弱势群体的声音，这也是媒体的社会责任所在。

关于此类选题，媒体可从民众最为关心的大学生、农民工就业，药品、食品安全，农村家庭的教育支出，职业伤害等角度进行选题的挖掘。对于这类问题的媒体远远还没达到应有的关注度。另外，我国目前还没有一个专门的老年人频道，没有一个像样的农村频道等，网络和手机更是几乎将所有的关注力都投给了时尚的年轻人，这些都是市场空白，等待我们去补缺。

（2）受众需求空白点。

目前已经进入分众传播时代，没有哪种媒体能够单独囊括所有的新闻资讯，也就是说在分众传播时代受众需求空白不可避免地存在，这就为新媒体提供了零竞争空间。在分众传播时代，"大众"传播变成了"小众"传播，无数的"小众"构建了空前的新闻资讯需求空白，这些受众需求空白就是新媒体要把握的市场，它需要新媒体去发掘，去填补。其次，受众接受心理是不断变化发展的，不断变化发展的受众接受心理，往往使传媒所提供的产品滞后。这也为新媒体的运营提供了新的领域。

值得注意的是社会中还散落着一大群"未接受人群"，所谓未接受人群，是指暂时未接受新闻传播的人群。大致有两种情况：一是暂未接受任何媒体的传播；二是只接受一种或几种媒体的传播，而未接受其他媒体的传播。如农民，限于投递不方便或文化水平不高，是电视受众或广播受众。

另外，有一部分人更倾向于读报，不是电视受众或网络受众。"未接受人群"是一个等待开发和经营的潜在受众群，了解他们因何种原因暂时未能接触媒体，按人口学的分类方法把他们划分成若干群体，再对他们有可能接触媒体的潜在因素进行分析，并制定出切实可行的方略，就能将这部分受众争取和开发出来。

2. 互动模式探索

新媒体要在激烈的竞争中赢得生存空间，不仅需要挖掘零竞争空间，还需要足以依托和借势发展的强大平台。新媒体最大的特性就是与受众之间的互动性，在这一方面的天然优势为新媒体寻找传统媒体无法到达的盲角提供了优势；另一方面，新媒体也难以撇开传统媒体单独发展。搭建好互动大平台，才能使新媒体走得更远。这就需要加强与传统媒体的合作，在渠道和平台上进行资源的共享。

关于新媒体的互动模式，虽然目前还没有十分成熟的经验可以借鉴，但是许多传媒人已经开始了对互动模式的探索。新媒体要与受众产生互动，首要环节是吸引受众的眼球，使其在打开网页的第一时刻就有眼前一亮的感觉，然后才是让受众实施互动行动。最高层次的互动是达到与受众的心灵互动，那将会产生恒久的传播效果，这也是最理想的互动效果。

传统媒体对互动模式已经进行了些许尝试，并尝到了甜头，新媒体可从传统媒体窥探其值得借鉴之处。比较成功的有湖南卫视《超级女声》栏目创立的"手机短信"模式，受众可以通过编辑短信支持自己喜欢的女生，传输到指定的号码，受众有权决定超女的去留，这种方式有效地调动了受众参与媒介活动的积极性。《超级女声》栏目取得了巨大成功，后来全国电台、电视台群起模仿，使这种模式得到了迅速推广，并取得了理想的经济效益和社会效益；另一较有代表性的是山东电视台齐鲁频道创立的"互动化"模式。该频道提出了"打造中国最具有互动特色的大众综合频道"的市场定位和"参与齐鲁，共享欢乐"的经营理念，为了实现与受众的互动，该频道开发了对媒介互动的服务平台，该平台拥有 400 个座席和 1 000 条线路，拥有先进的网络技术，能把同受众互动的过程、互动的内容、互动的效果实时反映到传播的节目中。

在网络媒体中，同受众的互动形式更加多种多样，为大家所熟知就有微博、微信、网络论坛以及各种社交网站[27]。以开心网为例，开心网上有农场、家园、牧场等社区的设置，俨然一个现实的社会。开心农场设置的种植过程也一切按照自然规律：播种、洒水、除草、收获。在这一过程中你可以添加众多好友，还可以添加好友的好友，交际圈迅速扩大，这也是开心网吸引注意力的互动模式之一。用户通过体验生活式的互动，维系了与好朋友的情感。开心网满足了用户的互动娱乐需求，创造了"全民偷菜"的壮观景象，在白领人士、学校行政人员、学生中甚是风靡，它实现了人们的一种好奇心和"偷窃"的快感，是工作学习之余的一种放松和朋友之间交流感情的方式。

[27]　张小平，蔡惠福．新传播格局下受众理论的重思与重建[J]．传媒观察，2020（02）：12-21.

第三节　新媒体视野下大众文化传播的受众

一、传播学传统的受众理论

"受众"一词在《新闻学大词典》中的解释是指传播过程中信息的接受者，是读者、听众、观众的统称。所以"受众"无论从字面意思还是词典解释都表现出受众处于信息接收的被动位置。而在新媒体时代，互联网和手机等新媒体的用户在信息的选择上却是处于主动的地位，传播者和受众的界限越发模糊。

另外，从词典上的解释看，受众的范围过于狭窄，已经不能囊括新媒体时代所出现的各种新的受众类型，比如互联网的网民和手机的用户等。其次，在新媒体时代的受众研究中，缺乏新的理论或学说支持，可以看到现在许多学者在分析受众时多在运用产生于 20 世纪 70 年代的使用与满足理论，而观展／表演范式也是在 20 世纪 90 年代末提出的。近十几年来是媒体技术发展最为迅速的时期，技术上的发展带来了受众观念和媒介使用情况的变化，可惜这一时期并没有一些有名的学说被提出。

新媒体时代的受众研究应探寻适合新媒体的研究路径，在 Web2.0 时代，网络技术的发展使得用户自主创造内容的门槛大大降低，个性化的用户个体创造汇聚了庞大的内容生产，同时也被越来越多的用户所分享，一种新的以网络用户为中心的传播生态正在形成。所以在这个传受者关系已经相当模糊的新媒体时代，怎样做它的受众研究应该成为学者们深入思考的一大问题。最后，新媒体受众研究应该更加多元化，因为新媒体使受众的自主性更强，传受关系更加模糊，所以受众研究应该在从商业利益角度进行探讨的同时，更注重从心理学、社会学角度探究，比如作为公民角色的存在，他们如何进行身份的建构和认同等。

二、新媒体视野下的新型受众观

麦奎尔在《受众分析》一书中，按照研究目的的不同和受众观念的差异，将受众研究划分为三大部分，分别为结构性受众研究、行为性受众研究、社会文化性受众研究。结构性受众研究主要侧重于受众规模、媒介接触、到达率、流动情况等方面的量化分析，主要用于媒介产业实践；行为性受众研究则重改进和强化媒介传播效果，将传统理论纳入受众及相关问题的探讨中；社会文化性受众研究则强调受众具有主动性和选择性，受众的媒介使用是特定社会文化环境的一种反映，也是赋予文化产品和文化经验以意义的过程，主要以文化研究学派为主。《受众分析》写于1997年，麦奎尔在当时虽然也在书中提到新媒介与受众的未来，同时谈到了新媒介的发展所带来的四个重要变化，这些变化影响了受众（包括有关受众）的观念。然而经过这十几年的技术发展，各种新的媒体大量出现，受众也呈现出新的特点，所以对于受众的研究也有了新的变化。可以从麦奎尔归纳的三个角度来分析新媒体时代受众研究的新特点，看看哪些受众学说在新媒体时代依然适用，哪些学说需要改进和发展，而又有哪些新的学说或者观点出现。

三、新媒体视野下大众文化传播受众的现状

随着网民规模的增长进入平台期，互联网对个人生活方式的影响进一步深化——从基于信息获取和沟通娱乐需求的个性化应用，发展到与医疗、教育、交通等公共服务深度融合的民生服务。与此同时，随着"互联网＋"行动计划的出台，互联网将带动传统产业的变革和创新。未来，在云计算、物联网及大数据等技术的带动下，互联网将加速农业、现代制造业和生产服务业的转型升级，形成以互联网为基础设施和实现工具的经济发展新形态。

第四章　大数据时代新媒体的内容运营

　　新媒体是随着社会进步产生的一种新型媒体交流方式，其充分利用互联网、大数据等先进技术，提高新闻信息的传播和共享效率，丰富人们的日常生活。新媒体平台建成中，运营管理成为媒体企业关注的重点内容，尤其加大了对内容运营的关注力度，并希望通过内容运营来为用户提供更高品质的服务。本章分为新媒体的内容运营、大数据改变新媒体的内容生产、大数据改变新媒体的内容运营三部分。主要内容包括：新媒体内容运营的含义及历史、新媒体内容运营的核心环节、新媒体内容运营存在的风险、新媒体内容运营的改善措施等方面。

第一节　新媒体的内容运营

一、新媒体内容运营的含义

　　新媒体运营是借助互联网和移动通信技术，利用微博、微信等互动平台实现信息共享、传播、宣传及营销的一种新型运营方式。其涵盖了内容运营、活动运营、产品运营和用户运营四部分内容。新媒体运营最先开始的是产品运营模式，重点是进行新产品的宣传和推广；之后随着互联网技术的完善，逐渐向活动运营模式转变，侧重于产品创意设计，增强互联网企业间的竞争力。直到智能手机普及后，新媒体运营开始以内容运营为主，并将新媒体推向了一个新的高度。

　　内容运营指的是在新媒体作用下，利用文字、视频、图片等方式将信息展现在人们眼前，吸引人们的注意力，并调动民众参与探讨的积极性，具有信息传播和引导舆论的作用。内容运营中包括选题策划、内容优化、内容传播等多方面内容，需要相关人员构建完善的体系结构，以保障运营活动的顺利开展，促进新媒体行业的顺利前行。

二、新媒体内容运营的核心环节

（一）选题规划

新媒体内容运营的第一步是选择运行计划。在新媒体领域，诸如"十万次点击"或"数以百万浏览量"之类的内容大家都非常看重，但实际上，这些大多数内容都是基于扎实的日常工作的稳定性。如果新媒体领域能够有稳定的工作流程和运营流程，那么新媒体内容的播放量就会达到一个稳定的状态，比如在当前比较火抖音平台，能够持续比较火的抖音账号都是稳定的输出内容（如樊登读书、爆笑三江锅等），背后都有专业的团队运用稳定的工作及运营流程去输出符合他们账号定位的内容，这会帮助新媒体领域更好地吸引顾客，进而为新媒体运营的下一步发展奠定基础。

（二）内容策划

通过有效的开发内容计划活动，就可以使新媒体运营的内容更加具体，清晰和具有逻辑性。在这个过程中，需要进行合理的主题选择，其中主题选择计划是指通过改善新媒体运营效果的社论内容计划，在进行热点新闻咨询和情感进行编辑文章的同时，分析当前新媒体运营的情况，详细介绍新媒体运营内容，进而更加科学地制定计划。除此之外，在规划文章时，相关新媒体运营人员需要考虑多种内容，例如书面内容，原始广告渠道策略以及内容周期的设计主题等。当内容计划完成时，相关人员必须定义科学推广模型，并根据用户的心理状态修改和创造新的媒体内容，进而轻松地让客户关注新媒体运营的新信息和受众新知识，让客户对创意文章更感兴趣。就目前来说，用户通常已经厌倦了大多数的新媒体内容所以，针对这个问题，新媒体运营人员需要在发布文章时，考虑文档的各种元素，包括图像，视频和音频文件等。只有这样才能让内容更加具体，进而吸引公众的注意力。

（三）形式创意

内容规划完成后，新媒体运营人员应查看内容或者是表格处理的合理性，因为用 户对更新和更具创意的形式感兴趣，所以如果新媒体内容的格式保持不变，那么用户的兴趣将逐渐下降，这就导致在后期客户在使用新媒体浏览文章时的兴趣提升空间受到限制，这对于提高点击和关注量来说，是非常不利的。

（四）整理素材

确定新媒体运营的内容后，相关的人员必须对材料进行分类和收集。在工业行业中，与新媒体运营相关的内容主要包括工业技术和装饰材料的管理。所以，对于新媒体运营行业来说，行业的核心内容应该是最新的热点，行业新闻，行业数据和客户的在线意见。行业素材对于新媒体运营来说是非常重要的，只有通过良好的素材管理才能够进而保证新媒体运行过程中有良好的材料支持，这对于促进新媒体行业的发展来　说，也是至关重要的一个环节。

（五）内容优化

内容编辑后，不能立即发布，而是需要测试和优化反馈。如果新媒体运营内容的转换率低或响应率差，则必须进行形式优化和内容优化。在这方面，相关新媒体运营人员需要在优化过程中关注客户所关注的点。只有这样才能更好地以客户的需求为发展方向对新媒体内容进行编辑，进而促进新媒体行业更好的发展。

（六）宣传传播

新媒体运行在现阶段不仅是在微博，微信账号和其他相关平台上发布有关文章的信息，而且需要通过各种社交平台传播持续性的广告，让人们能够关注对媒体作品内容的新需求，这样阅读和点击的文章数量可能会增加。就现阶段来说，我国新媒体的运营在宣传方面还是存在一定的不足，很多人甚至不知道新媒体运营到底是做什么的，这对于促进新媒体运营的发展来说是非常不好的一个影响因素所以在未来就需要我国新媒体行业能够不断地对新媒体运营进行相应的宣传，进而扩张自己的知名度。

（七）拟定标题

标题的科学性是非常重要的，一篇文章如果有了引人注目的标题，那么这篇文章就成功了一半。对于客户来说，无论内容的阶段如何，客户首先注意到的是标题。一个好的标题会直接影响文章的点击率。因此，在使用新的新媒体内容的过程中应更加注意标题的编辑。对于标题来说，设计应简洁明了，通过将文章内容提取小于 15 个关键字来作为标题，进而对文章内容进行概括，这不仅能够激发阅读者对文章的兴趣，而且也能够更加直观地将文章内容加以概括。当然，在对文章标题进行编辑的过程中，也可以适当地运用一些网络词汇来进行编辑，因为这样不仅可以增加客户对文章的兴趣，而且还能更好地为新媒体运营吸引客户群体。

三、新媒体内容运营存在的风险

人工智能的快速发展结合新新人类对个性化诉求越来越强烈，必然会加速新媒体时代的到来。这个人人皆为媒体的时代，内容的供给量大幅度增长，但因为供应者本身的素质差异较大，各种负面和虚假、低俗的信息会有一定的比例，这种内容的质量本身可能会给其他受众和社会造成不良的影响。新媒体内容运营存在的风险，具体来说，可以归类为以下几个方面。

（一）内容把关不严

各种新媒体平台不断涌现的同时，原有内容的"把关文"的身份越来越多，每个信息的发布者、运营者和原来的审核者都有传统的编辑行为，即使对原有内容不经修改，只是对标题的简单更改和配图的简单变化，都在一定程度上表达了自己的立场，这些简单的信息的传播缺乏信息把关。在某一些新媒体平台为了信息更新的速度和海量，往往内容审核不严，甚至基本就没有"把关人"。每个内容的传播者在传播的过程中，都会或多或少地代表自己的观点和选择，在这种情况下，这些传播者可能会在传播的过程中将一些环节省掉，然后直接向公众传播，而省掉的部分可能会影响信息内容的本质。在这种情况下，传播渠道越来越多元，"把关人"逐渐失去了原有的流程和技术基础，信息把关的控制力越来越弱。在海量的信息内容面前，如果没有严格的把关，只会信息真假难辨，网上信息造成不良影响。这种没有经过理性沉淀和引导的信息会造成社会舆论冲突，这种"假信息"和"假信息"对民众的二次伤害会越来越严重，这就亟待内容审核流程的重建。

（二）内容原创力不足

目前来说，很多的新媒体平台有信息泛化、同质化的趋势。新媒体平台的用户的内容诉求越来越多远，选择也越来越挑剔。一方面来说，信息的外延越来越大，为了引流会产生各种各样的内容；另一方面来说，新闻和其他信息之间的概念也越来越模糊，价值导向和唯客户向上将促使内容洗牌。如果继续是"剪刀加糨糊"式的简单摘抄和转载，或者是在原有基础上的简单加工，必然也会被市场和用户所抛弃。在社交媒体、网络文学上充斥着大量的"鸡汤文"，内容大部分下乘、雷同，内容没有太多考究，往往掺杂着低俗。这些内容的大量传播让没有辨别能力的受众盲目相信，另一些有认知能力的受众会极度反感。有调查数据显示，七成以上的微信用户会有取消关注公众号的行为。其中取消公众号最主要的原因是两个，其一是"广告软文和不切实际信息较多""原创内容少"。也有分析认为，目前经营的大部分公众号在运营方面越来越趋同，运营者应该加强对推送内容的审核，从用户的实际出发提供内容服务。

（三）缺乏社会责任担当

在近一些年，新媒体平台成为信息传播的主要渠道，也成为恶劣暴力、色情和虚假信息传播的主渠道。很多平台为了吸引流量，迎合部分人的心理，纷纷设置了"星座属相""周公解梦"等栏目，甚至还有专门针对大学生以及职场新人的"风水"类内容。在突发事件发生的时候，某一些新媒体平台都会有一些放大事件的标题、道听途说的部分信息，而对应该关注的核心内容则"闭口不谈"或者简单略过。很多新媒体平台是用打赏的方式进行获利，尤其是直播类平台，为了博取眼球，经常会有一些出位的言论和不雅的行为，这些对以青少年为主的群体造成了极大的误导。网络文学、网络游戏、直播以及其他短视频是现在流量最大的几类新媒体，但这几种新媒体恰恰都比较缺乏对社会的现实书写，大部分是一种感性认识。这种新媒体迎合了受众的一部分心理需求，但没有承担应有的理性社会责任。新媒体群体中的部分不良的价值导向不是新媒体的主流，但他们的影响却比传统媒体更大，因为他们的受众更巨大，而且受众大部分是社会经验不足的青少年和涉世不深的职场新人。新媒体内容运营不能唯经济效益为上，需要有社会责任担当。

（四）侵犯著作权现象多

新媒体平台为了受众使用更加便利、快捷，往往在对信息发布者不会设置更高的门槛，这些没有太高门槛的使用者，经常会通过网络上的海量信息进行简单的复制、抄袭进行传播。这种行为已经侵犯了原作者的收益，构成了侵权，但因为平台很多采取免费获取的方式，让更多的下载者和信息使用者乐于使用这种免费的资源，这种平台默认、上传者无意、下载者乐意的结构，对著作权保护产生了很不好的影响，侵犯著作权的越来越多。无论是企业还是社会名人或是普通的个人，在都越来越热衷用微博、微信公众号等构件新媒体。但很多平台的运营者本身缺乏著作权意识，只是简单完成相关工作任务，擅自使用他人的作品和资源，这样必然会造成更大的法律风险。自媒体低门槛、易操作等特征，自媒体领域已经日益成为侵权行为的重灾区。在自媒体平台中的微博、博文等，只要是首次公开表达的创造性表达，都可以受到著作权法的保护。

第二节 大数据改变新媒体的内容生产

一、内容生产者被重新定义

大数据赋予新媒体内容生产的另一项变革在于内容生产者的改变。一方面是传统的"生产者"与"使用者"的界限变得模糊；另一方面是人工智能越来越多地参与到内容生产当中[28]。

大数据的 4V 特征强调的就是数据量大、来源丰富、种类多样且速度迅疾，那么，利用大数据进行的媒体内容生产也理当符合这样的特征。这就在客观上要求内容提供者能够以"集成者"和"平台"的理念对自身进行重新定位，前文提到的开放新闻理念就是一个典型的代表。网络媒体的内容生产很多时候是各种分散主体的协同式"分布生产"，众包新闻就是这种变化的典型模式。此外，在豆瓣、知乎、微博、Facebook 和 Twitter 等社交媒体上，用户看到的内容本身就来自于各种个体、群体、机构的"讨论"与评述，这些信息往往又成为主流媒体进行内容生产的重要源头专业媒体机构不但利用这些信息进行数据新闻的生产，而且也将它们视为重要的新闻报道的素材。

二、数据可以直接转变为内容

只要运用得当、表现得当，数据可以直接转化成媒体的内容产品。采集数据成为内容生产中的重要步骤，如何去组织和表现这些数据成为内容生产者的重要使命。

例如，2015 年 10 月，国内首个大型数据新闻节目《数说命运共同体》在中央电视台《新闻联播》《朝闻天下新闻 30 分新闻直播间》等多个新闻栏目推出。该节目由央视新闻中心跨行业、跨领域整合多方信息源，依托国家"一带一路"数据中心、国家统计局、海关总署、世界银行、世界贸易组织的权威数据库，动用两台超级计算机，历时 6 个月完成。此外，该栏目还首次使用卫星定位跟踪系统数据，通过大量 GPS 移动轨迹，提升数据新闻的视觉表达效果；首次使用数据库对接可视化工具，使节目通过真实数据轨迹进行全景呈现。据了解，《数说命运共同体》单是挖掘数据就超过 1 亿 GB，仅为计算"全球 30 万艘大型货船轨迹"而分析比对的航运数据 GPS 路径就超过 120 亿行。

[28] 刘珊. 大数据与新媒体运营 [M]. 北京：中国传媒大学出版社，2017.

三、数据在内容生产中扮演重要作用

当下，数据对于内容生产的指导作用被极度放大。媒体机构对于用户需求的了解会先于内容生产，以用户为中心的内容生产观念在大数据技术的支持下被全面放大。

例如，《赫芬顿邮报》利用自身的核心算法和人工处理方式紧盯谷歌搜索上的热门词汇，根据最热的新闻词汇进行相关内容的编写并发布，从而为用户提供他们最希望看到的新闻内容。《赫芬顿邮报》不是按照自己的生产能力来制作内容，而是按照用户的需要，整合已有的新闻之后，从而使读者的需求得到最大限度的满足。我国的"今日头条"通过对人民网、新华网、网易、新浪等各大新闻网站的新闻进行内容聚合，基于"推荐""热门""好友动态"三个维度，向用户推送资讯、评论等内容。

在传统的影视剧创作过程中，决定拍摄题材的是编剧和导演，而大数据则提供了用数据选择题材的可能性。Netflix 通过对 3 000 万用户的收视选择、400 万条评论和 300 万次主题搜索等数据的深度分析，发现政治剧是当下美国观众迫切需要的，所以投资 1 亿美元翻拍了《纸牌屋》并且一炮而红。这个案列已经成为大数据指导影视剧生产的经典范本。在国内，新媒体机构同样在积极探索如何将大数据运用于内容生产当中。例如，优酷的自制剧《嘻哈四重奏》制作团队通过对用户习惯数据进行分析发现，观众在第一季中对"偷菜"游戏的评论频次特别高，所以在后来的剧情中，加入了《愤怒的小鸟》《植物大战僵尸》等流行游戏。

第三节　大数据改变新媒体的内容运营

一、新媒体的内容价值实现——内容运营

为了获得更高的盈利，最大限度地实现内容的价值，新媒体机构除了需要提升内容本身的质量、提高其吸引力之外，还需要通过各种各样的包装方式、营销手段去进一步提升自身内容产品的价值，从而获取更大的收益，这就是所说的内容运营过程。具体来说，"运营"的概念包括内容的编辑、推荐和销售三个方面。

相比于传统的媒体，新媒体具有鲜明的内容运营模式。中国传媒大学周

艳教授认为，以互联网为代表的新媒体机构在内容运营方面经历了不同的发展阶段。

第一阶段是较为粗放的内容运营模式："广播式媒体通过自制或者采购、合作等方式，获得优质的内容，并且按照用户需求的种类、时间区域差异等将其编排并分发出去。而互联网媒体的内容运营因为一开始就不是构建在自制内容基础上的，没有独立的采编权，其在内容运作上是对传统媒体数十年内容沉淀的'盘剥'和'压榨'。互联网媒体能够将海量存储内容的多媒体性质呈现给用户，并且主要通过标题党'的形式不断创新策划和编排手段，使得原来线性内容被加工整理后更符合互联网用户的使用需求。"

第二阶段则开始运用数据的力量："在内容缺口和创新压力下、技术支持下，互联网媒体构建了数据库创建内容的运作模式，通过构建强大的数据库并对其进行管理，梳理数据指标之间和不同数据库结构之间的关联。互联网能够把原本零散而没有关联的信息重新组合起来，生产出人们所需要的信息内容，于是其内容运营的能力得以大幅度提升……在内容营销方面，内容本身的数据、用户的基础数据、用户的信息浏览和使用习惯数据、信息传播过程中产生的交易行为数据等，这些通过传统方式很难得到的数据，在互联网上变得非常便捷，数据是透明的、可寻址的，这就使得互联网上的数据库营销更为常见而高效，而且屡见创新。"

二、大数据在新媒体内容集成和分发中的运用

（一）人工与数据相结合的编辑策划，深度挖掘内容价值

互联网的发展带来了信息的大爆炸，对于个人用户来说，可以浏览的信息量过于巨大，不同网站内容中同质化的程度也较高，难以做出选择。对于新媒体机构来说，帮助用户进行信息筛选，同时让自身的内容产品获得竞争优势以吸引用户的注意，这些工作是通过适当的编辑、包装和精准推送来实现的。换个角度来说，即便是同样的内容素材，也会因为不同的加工方式和编辑推荐而产生不同的效果。所以，编辑与推荐过程其实是对内容价值的再次解读与深度挖掘，是新媒体内容运营的重要组成部分。大数据在这项工作中的重要意义就在于帮助新媒体机构提升效率与效果。

在视频网站中，YouTube 可谓鼻祖。该网站首先将所有内容做了一个基本的划分，包括热门、音乐、体育、游戏、电影、电视节目、新闻、直播、焦点和 360°视频共十个频道组。其中音乐、体育和游戏三类由系统自动归类生成。

这十个频道组从内容类型、体验类型、热门度等多个角度对视频进行了归类，方便用户进行查找。《好奇心日报》则根据目标用户的需求推出了诸如"10个医""Top15"等栏目，事实上这些栏目为《好奇心日报》带来了极高的点击量和互动数量。几乎所有的互联网媒体都会对自身的内容做一个基本分类，这种分类方式首先是根据内容类型进行划分的，但同时也会根据用户调研、市场竞争等各种反馈数据来进行辅助决策，对内容产品进行基本的编辑策划。

　　另一个能够体现出人工编辑、策划思路的就是新媒体内容的"排序"，首页推荐、置顶、排行榜等都是典型代表。2012年6月，新浪微博推出智能排序功能，用户访问新浪微博时可选择"智能排序"或"更新时间排序"。有网友访问新浪微博时，界面会显示"温馨提示：你正通过智能排序的方式浏览微博，智能排序依据你的喜好帮你梳理微博内容"。新浪微博客服表示，智能排序是根据用户的关注、标签和微博内容等相关信息来判断用户的喜好，从而进行微博排序的。

　　Newsmap（新闻地图）是谷歌新闻聚合器上实时新闻反馈的可视化呈现。数据块的大小对应新闻受欢迎的程度。其反映的是谷歌新闻聚合器实时更新的新闻。这种数据可视图基于树状图的算法，适合表现大量信息的聚合。用颜色、标题字号、区块面积等来展现归并后的信息。这种排列方式打破了空间限制，帮助用户快速识别、分类和认知新闻信息，平面而直观地展现不断变化的信息片段。

　　2011年4月中旬，APP Store排行榜上雷打不动的"小鸟家族"突然被facebook等应用挤了下去，由于facebook和"愤怒的小鸟"当时都没有大的程序或营销调整，唯一的解释就是苹果更改了APP Store排行榜的算法。facebook从原本的排名第二十位跃升至第一位。据分析，更新算法后，除了应用下载量，用户评价和使用频率也会影响该应用在APP Store上的排名。第三方公司负责8万个应用产品统计的市场部副总裁表示，苹果的确更改了排行榜的统计算法，不再只考虑下载次数。可能是加入了更多的统计方法，如使用频率等，来考核APP真正的受欢迎程度。除了以上提到的因素之外，如果一款APP被下载了100万次，而后来有50万人很快删掉了这个APP，那么这样的排行也是不准确的，还是按照使用频率来统计比较好。

　　这种排序的另一个发展方向就是搜索引擎优化（Search Engine Optimization，SEO）。搜索引擎优化是一种利用搜索引擎的搜索规则来提高网站目前在有关搜索引擎内自然排名的方式。

　　需要注意的是，以目前的技术现实来看，短期内完全用数据和人工智能来进行内容编辑是不现实的，人工编辑的形式仍然是主流，大数据起到的是辅助性的作用。

（二）有针对性地分发传播可以有效提升新媒体内容价值

新媒体传播的一个特性就是速度迅捷。在内容生产方面，大数据等技术的出现使得抓取、编辑、整理的速度不断提升，新媒体机构在生产和集成内容的同时，也作为其他媒体机构的内容源而存在。所以，在内容集成的同时，内容分发也在发生。因此，利用数据技术优化分发与传播路径，同样是新媒体机构内容运营的一个要点。

一般而言，如果想要优化分发与传播的效果，一方面，必须对不同媒体、不同终端的用户的行为偏好有充分的了解。以视频产品为例，电视端更适合播放长视频以及画面精良的视频内容，手机等移动终端多半用来满足用户碎片化时间的信息获取需求，所以视频内容宜简短；在一天的不同时间段里，用户对于视频内容的类型的需求也会存在差异，新闻类、娱乐类、科技类、生活类不一而足；不同的用户群体对于视频内容的类型和特征也会存在需求的差异点。针对这些特点，内容生产者在将内容分发至不同的媒体类型以及终端类型时，应对用户行为、需求数据有充分的了解。另一方面，也要了解下游的传播路径，以便能够对整个内容传播的过程加以掌控，从而提出相应的优化方案与问题解决方案。

第五章　新媒体运营模式的全方位解读

　　互联网的飞速发展，在方便了人们日常生活的同时，也对各行各业也实行了新的定义。对于媒体来说，从过去媒体的代表就是广播、电视、报纸等形式，到如今基于互联网产生的各种各样新的媒体形式，在互联网的带动下，媒体形式也发生了翻天覆地的变化。本章分为新媒体运营策略、自媒体运营策略、新闻 APP 运营策略、"新媒体＋企业"运营策略四部分。主要内容包括：新媒体运营的特性、新媒体运营与传统媒体运营的对比、自媒体营销与电子商务、抖音自媒体运营存在的问题等方面。

第一节　新媒体运营策略

一、新媒体运营的特性

　　"新媒体"运营指的就是通过互联网，利用现代化新兴媒体平台进行产品宣传推广、信息传播经营的一系列运营手段。通过线上活动和品牌策划，向用户推送咨询消息，利用粉丝经济，提高参与度与知名度，达到营销目的。在目前的新媒体发展中，主要是以网络新媒体运营、移动新媒体运营以及数字化新媒体运营为主，而它们的新媒体形态形成的共同基础是依靠宽带信息网络。而关于新媒体的特点分析主要是基于对新媒体的初步认识。

　　①首先可以简单地把"新媒体"理解成"媒体"的概念，而它的"新"主要在于利用现代化互联网技术、通信技术和设备将文字和图片、视频和语音整合到一个新的平台上。相较于传统媒体而言，新媒体传播的信息内容多、速度快，信息传播的价值具有即时性，信息资源也更为全面。

　　②新媒体提高了受众的参与度，共享性极高且具有个性化和社群化的特性。让公众参与信息讨论的功能满足了信息互动的需求，在很大程度上冲破了传统媒体被动接受的束缚性。

③新媒体的灵活性高，适用于社会、经济、政治等需要进行信息传播的组织机构，也可以满足个人信息传播的需求。人人都可作为信息的传播者，可以说新媒体给大众带来了更广阔的信息传播空间。

二、新媒体运营的价值

互联网发展下的媒体环境已经进入"融屏时代"。"融屏时代"指加入了用户行为组合的概念之后，通过多个屏幕有机联动去覆盖到用户各个使用环节和场景。由于互联网信息技术快速发展而不断涌现的各类新兴媒介工具导致用户的注意力和使用习惯也在不断发生变化，只在一种媒体工具上传播信息的模式不适合当下的信息传播环境，而融合和整合多个媒体工具和平台也就成为了新媒体时代的潮流。媒体环境产生了变化，从早期的多屏时代（指在多个屏幕上同时进行信息、广告等内容传播）转变到"跨屏时代"（指加入了用户个人信息、身份识别概念之后通过多屏幕端传达信息给用户），再到了当下的"融屏时代"。

随着互联网媒体环境的变化与发展，新媒体内容生产以及广告宣传所创造的用户经营理念也在不断变化和发展，根据媒体环境的分类划分为三个阶段：用户的流量价值、交易价值以及营销价值。

①用户经营的流量价值。媒体机构在互联网发展的初期阶段，用户流量急剧增长带来的红利价值非常显著，媒体通过多屏投放广告使流量实现最大化来获取利润。

②用户经营的交易价值。随着互联网的普及，用户红利的逐渐消退使得流量价值的地位不再那么突出，所以如何让流量变现而产生实际的交易行为也就成了"跨屏时代"媒体价值发展的关注点。

③用户经营销售价值。把积累的用户作为资源，再去不断深化平台交互以及运营体系，让用户去影响用户，从而实现用户资产的增值，资源利用最大化成为了媒体运营发展的一个重点方向。

从上述分析可以发现，媒体环境影响用户思维，而同时用户思维的转变也影响着媒体运营模式的不断创新和变化发展，所以它们之间的关系是相互作用和互相影响的。

三、新媒体运营的策略

（一）打造灵魂人物

现在很多企业官方微博运营情况一般，可是却发现那些行业里的意见领袖的微博却玩得风生水起。其实关键就是人，企业官微对于粉丝来讲是一群人，而对于意见领袖来说，粉丝面对的是一个活生生的人，你可以跟他进行沟通、互动、交流，也就是灵魂人物。

一个人之所以成为另一个人的粉丝，是因为被这个人的某方面特质所吸引，所以一个微博或者微信平台，要想大量吸引更多粉丝关注，必须为这个平台打造一个平台的核心灵魂人物，利用这个平台的灵魂人物，吸引更多粉丝的关注，其实讲的核心灵魂人物，通常指的就是企业的创始人，提到阿里巴巴大家马上会想到马云，提到腾讯会想到马化腾，灵魂人物要抽出时间跟粉丝进行互动、沟通、交流。

（二）平台思维

要想吸引更多的粉丝关注，必须能够提供更多粉丝所需要的价值，就像一家电视台一样，要想提高电视台的收视率，它必须引进更多的优质电视剧，才能获得更多的观众。同样一个优秀的公众平台，必须拥有更优质的作者提供内容，才能吸引粉丝关注。

最好的办法就是整理优质的文章，因为生活在一个泛作者时代，作者已经没有价值了。信息太多，反而整理优质的内容变得越来越有价值，因为他帮助人们节省了大量的宝贵时间。

（三）资源运作

随着粉丝越来越多最终这些粉丝都会变资源，当然是资源就可以拿出交换、变现，如果拥有的平台资源只供自己使用，那么这个平台发挥的影响力会很小，如果这个平台的资源，可以为平台里面的粉丝所有，那么这个平台就更有价值，打造粉丝跟平台利益的共同体。

如果这个平台可以帮助到更多的人，假如是1 000个人甚至10 000个，那么就等于10 000个人一起帮助你做大这个平台，因为这些资源也可以为他所用，一定要把平台的资源让出去，打造粉丝跟平台利益的共同体，平台的生死存亡都跟他们有关，不要让粉丝成为一个旁观者。

（四）打造多个媒体传播渠道

要想获多的粉丝，必须拥有多个价值输出的渠道，这样才能保证新媒体的活跃度，运营过新媒体的朋友就会发现，刚开始关注的粉丝往往很活跃，可是随着时间的增加，很多粉丝的活跃度就会下降，一个新的平台只有每一天都有源源不断的粉丝增加才可以保持平台的活跃度，所以一定要为自己的平台准备多个价值的输出渠道，以保持平台的活跃度。

第二节　自媒体运营策略

一、自媒体概述

自媒体运营，一定不是建立在普通流量之上，而是站在高质量的社群粉丝上。1000 个普通的流量对于新电商眼里，还不如 1 个高质量的社群粉丝来的有效。因为在电商是一个建立在服务之上的，而交易只是开始，重新开始构建互联网电商最缺失的信任。

自媒体是普通大众经由数字科技强化、与全球知识体系相连之后，一种开始理解普通大众如何提供与分享他们自身的事实、新闻的途径。包括：微博、微信、百度官方贴吧、论坛 /BBS 等网络社区、短视频、头条号、直播等[29]。相对于传统的媒体媒介来说，自媒体"自产自销"，对内容生产者没有太多的限制，充分利用现代人的碎片化时间，因此无论是自媒体人还是普通的自媒体受众都受益匪浅。

抖音是 2016 年 9 月上线的一款以音乐短视频创意为主的社交 APP，主要为年轻人提供一个 15 秒音乐短视频交流的平台。抖音为用户提供了歌曲选择作为创作视频的背景音乐，目前抖音已经成了短视频年轻时尚社区，每日视频播放量达数 10 亿次。抖音的忠实用户大部分为"90 后"、"00 后"等年轻群体，该群体每天都在抖音生产包括化妆、美食、音乐、搞笑、逗趣、萌宠等不同类型的原创视频。通过发布的原创视频分享获得别人的转发、点赞、互动、评价等社会化行为。从而更加刺激他们创作原创视频。为迎合年轻人的口味，抖音推出了版权 BGM、利用 AI 技术实现的创新玩法等，也让年轻人创作型更高、内容创意更好。

---

[29]　郑红明，马斌，陈宇琨 . 基于大数据应用的自媒体运营分析 [J]. 合作经济与科技，2018（12）：121-123.

二、自媒体营销与电子商务

如今随着消费习惯的改变,线下体验、线上购买成了消费者购买的重要方式,但往往部分人群因为各方面愿意而无法真实体验到消费的价值,而这个时候传统的电商选择与正在呈直线上升趋势的自媒体相结合,通过自媒体的个性化、碎片化、交互性、多媒体、群体性、传播性等持性,帮助电商实现减少或缩短商品的流通链条,找准目标用户,精准投放,提高信任度,并且以较低的成本获得比传统电商更加高质量的客户经济。

不再是以随机投放各大平台的以直白的广告来吸引客户,而是以社群指向性,风格性,融入自媒体,用客户最容易最喜欢的方式传达给客户,并且将每一位社群粉丝转换为自己忠实的高质量用户,在每一位用户的心中树立一个喜欢的形象,从而转换为经济自媒体电商就像是明星与粉丝之间的关系,明星在人群前树立一个大家都喜欢的人设,从而转换为明星最忠实的粉丝,而这个明星就是电商和自媒体创作者工业制造出来的产物,自媒体所熟知的 TESTV 就是一个典型的自媒体电商,创作者以评测各式各样的东西为主,给每个喜欢创作者的社群粉丝们营造一个专一、认真、只为客户体验着想的形象,再通过这一形象展现出自己商品的专一、认真、只为客户体验的一面,从而达到一个由普通人群转换为高质量社群粉丝,再由高质量的社群粉丝转换为高质量可持续的经济,这就是自媒体电商所拥有的魅力。

三、自媒体运营存在的问题——以抖音为例

（一）用户黏度过高

一个产品的黏度过高则说明大量的用户沉迷于该产品。一般而言用户黏度包括:每天使用时间、每天打开次数、每天操作次数、日活跃天数占全年比重等几项。张小龙曾经说过好产品即是用完就走。因此一个好的产品用户黏度必须空制在合理范围内。抖音号称是因为"颜值和创意,抖得停不下来"而让用户最浪费时间,抖音在市场上仅推出半年用户量就突破 1 亿,日播放视频就超 10 亿,堪称最厉害的"时间杀手"。

（二）平台监管不力

自媒体生态出现问题的原因在于:一是由于自媒体进入门槛低,经营者素质、知识储备、业务水平等方面良莠不齐;二是缺少普遍认可的行业标准进行考量;三是没有形成行业规范。自媒体还处于平台资源弱于人脉资源的阶段,很多自

媒体大号凭借良好的人脉风生水起，间接的完成商业变现。但一些优质内容的自媒体号缺乏人脉资源，只能利用平台有限的资源，因此发展缓慢。无法获得更高的经济效益。自媒体平台资源仍然无法和人脉资源匹敌，也使得很多优质资源大号拥有得天独厚的发展机会。

自媒体行业缺乏必要的控制机制，在谣言等内容方面缺少必要的监控机制，对内容的检测和审核机制出于起步阶段，因此造成自媒体整合行业内容混乱，信任度降低。

（三）内容同质化严重

大部分自媒体平台在发展初期为吸引内容创作者入驻，放宽账号和内容审核力度，因此导致自媒体内容抄袭严重、侵权问题不断，在自媒体平台上出现被侵权时，维权更是举步维艰。侵犯他人的肖像权、著作权、版权等问题经常发生。另一方面，自媒体上的侵权行为需要界定是否处于商业目的，但大部分的自媒体账号都是直接或间接的目的构成侵权行为，同样会带来法律问题。

过去只能从书本、杂志和电视节目中获取社会相关的信息，随着互联网和移动互联网技术的发展，社交相关资讯的传播媒介也得到了巨大的拓展。当今时代，微博、微信等平台上的社交类自媒体成为人们关注和了解社交信息的一大重要窗口。

第三节　新闻 APP 运营策略

随着移动互联网的快速发展，人们的阅读方式发生深刻变化，移动资讯用户的数量呈现爆炸式增长，各新闻资讯 APP 涌现。无论是门户网站创办的 APP，还是崇尚个性化推荐的聚合平台，都在争抢移动新闻市场，传统媒体也在努力适应新媒体的挑战，开发手机 APP。新闻资讯 APP 中，信息推送因投放精准、成本低廉，且能有效提醒用户、增强用户黏性、拉活用户、提高 APP 留存率、展现新闻素养，越发受到重视，成为各家 APP 大力发展的对象。信息推送有全量推送、个性化推送、本地推送之分，每类推送都有各自不同的特点，推送的内容也有所区别，全量推送以重要性为导向，个性化推送以兴趣为导向，本地推送以地理位置为导向。而由于技术的限制、过分追求考核指标、推送理念不清晰等原因，存在着推送匹配不准、推送过度、真实性欠缺等现实问题，影响用户体验。除内容层面外，推送时间的选择、推送声音的设置，也是影响用户体验，决定用户是否选择一家 APP 的重要因素。同时，伴随着新闻资讯 APP 快速发展而来的，还有自媒体的崛起、粉丝经济的运用和场景化的可能性等问题，值得重视。

近年来，移动互联网快速发展，用户规模不断壮大，智能移动终端的使用人数激增。截至 2020 年 3 月，中国网民规模为 9.04 亿，互联网普及率高达 70%，其中，中国手机网民 8.97 亿。随着智能移动终端的大屏化的发展趋势和手机应用体验的不断提升，移动终端作为中国网民的主要上网终端趋势将进一步明显。人们获取新闻的方式发生深刻变化。移动端新闻，无论规模还是用户数都呈现爆炸式增长。新闻资讯 APP 发展迅猛，重要性越发凸显。

新闻资讯 APP 是能够提供即时新闻、娱乐、军事、体育、生活百科等多种资讯的移动阅读平台，用户可自由下载与卸载。目前，新闻资讯 APP 基本形成三大阵营：一是传统媒体阵营，包括报纸、广播、杂志、电视等在内的一大批传统媒体创办的新闻资讯 APP，以人民日报、新华社、央视新闻、澎湃新闻等为代表；二是综合门户网站及各类垂直网站的新闻资讯 APP，以网易新闻客户端、腾讯新闻客户端、搜狐新闻客户端等为代表；三是新闻聚合服务类应用，由致力于提供移动化阅读的第三方技术团队打造，以今日头条、一点资讯、天天快报、ZAKER 等为代表。目前学界尚未对第三类新闻资讯 APP 形成统一称谓，有观点将其概括为"原生系移动新闻客户端"。

新闻资讯 APP 区别于传统媒体和门户新闻网站最显著的特征，就是能够提供即时的信息推送。依托新闻资讯 APP 进行的信息推送，为用户的信息获取带来了全新的体验。信息推送符合新闻快速、及时的特征，可以让用户在第一时间了解到最新发生的重要事件，不需用户自主寻找；信息推送投放精准、成本低廉，但能起到提醒用户、增强用户黏性、拉活用户、提高 APP 留存率的重要作用。

目前，信息推送主要分为针对所有用户的全量推送，依托机器判断的个性化推送，基于地理位置定位的本地推送。内容上包含两个维度，一是类型维度，包括要闻、社会、娱乐、军事、科技、财经、时尚、体育等各个领域的内容；二是稿源维度，包括有采访权的传统媒体的稿件、官方信息发布、大量自媒体稿件，以及 APP 的原创内容。传统媒体打造的新闻资讯 APP，推送较为常规，主要是对自己采写的稿件进行推送，以硬新闻为主，大多数 APP 只有新媒体的"形"，没有新媒体的"核"；网易、腾讯等门户网站打造的新闻资讯 APP，推送的数量与类型较多，但比较笼统，已开始认识到个性化推荐的重要性；新型的互联网公司打造的新闻资讯 APP，个性化推送较为突出，但在原创实力与新闻专业性上稍显薄弱。信息推送具有巨大的市场与发展潜力，但同时也存在很多问题。

推送数量过多、打扰用户，个性化推送不够精准、引起用户反感，自媒体内容不规范，推送语重复、抄袭现象严重，为追求点开率而过多推送猎奇内容等问题，不利于信息推送和新闻资讯 APP 的良性发展。

在这样的情况下，有意识地对新闻资讯 APP 的信息推送进行运营就显得尤为重要，"运营"的概念逐渐受到重视。管理学观点认为，运营是对运营过程的计划、组织、实施和控制，是与产品生产和服务创造密切相关的各项管理工作的总称。简而言之就是，需要通过人为干预的工作统称为运营。运营包括产品运营、内容运营、市场运营、用户运营、社区运营、活动运营、商务运营等不同细分层面，主要涉及内容运营、用户运营、产品运营等部分。内容运营是依据产品的内容生成机制、消费场景、展现形式、传播方式等属性组织内容。用户运营是指以用户为中心，遵循用户的需求设置运营活动与规则，制定运营战略与运营目标。

目前，无论是传统媒体的新闻资讯 APP 还是各大互联网公司的新闻资讯 APP，都在强调对内容和用户的运营，但现实情况却是，很多传统媒体的 APP 仍在用传统的思维进行运营，很大程度上不符合新媒体尤其是移动互联网的规律，仍停留在"内容为王"时代。以网易新浪客户端为代表的门户网站的移动新闻客户端认识到行业正处于巨大变革时期，努力构建个性化推荐系统，但在算法上稍显薄弱，以及转型期编辑的心理变动，都对运营造成影响。

以今日头条、一点资讯为代表的以技术驱动的个性化推荐平台代表了行业的未来发展趋势，但也逐渐暴露出低俗内容过多等问题。人们开始思考，以机器为主体的个性化推荐，以及崇尚自媒体内容的"今日头条"模式，是否真正符合用户的需求、信息推送是提高用户活跃度的利器还是打扰用户生活的"杀手"、用户到底需要多少条推送以及是否真正需要你推送的内容、信息推送到底应该怎样运营于怎样盈利这些都是需要思考的问题。

一、新闻资讯 APP 及信息推送

新闻资讯 APP 是智能手机新闻资讯类的应用程序，在近 10 年的发展中，逐渐形成了传统媒体 APP、综合门户网站及垂直网站 APP、新闻聚合服务应用三种主要类型。同时，随着竞争加剧，各 APP 互相争抢用户，未来将呈现出三足鼎立的局面。信息推送则是借助新闻资讯 APP 这一移动阅读平台，向用户提供即时新闻、个性化和本地化内容的强制性服务，主要包括全量推送、个性化推送、本地推送三种方式，并逐渐形成了各自的特色。

（一）新闻资讯 APP

1.定义

APP，是 Application 的简称，即第三方智能手机应用程序，通常指安装在手机或者平板电脑上的软件。APP 是伴随着智能手机的产生而产生的。有观点认为，2000 年上市的爱立信 r380 是世界上第一款智能手机，其中内置的 app 普遍被认为是最早的 APP。APP 种类繁多，包括游戏、购物、音乐、新闻、工具、娱乐、社交、导航、图书、天气等多个类别。用户正在通过 APP 的不断下载与卸载来构建自己的手机生态系统，并深刻影响个人生活。

因新闻客户端不仅提供新闻，而是涉及新闻、生活资讯、消遣性信息等多领域、多方面的内容，将其定义为"新闻资讯 APP"。《商业门户网站的手机新闻客户端同质化研究》中认为，新闻客户端作为一种手机应用软件，向受众推送新闻资讯、栏目订阅、互动娱乐等服务内容，完成用户对于多样化需求的满足，是一种新的新闻传播载体。综上，新闻资讯 APP 是基于智能手机和移动互联网的快速发展，可供用户自由下载与卸载，能够提供即时新闻、娱乐、军事、生活百科等多种资讯的移动阅读平台。

2.分类

目前，新闻资讯 APP 主要分为三类：一是传统媒体集团，包括报纸、广播、杂志等在内的一大批由传统媒体创办的新闻类 APP，以人民日报、新华社、央视新闻、澎湃新闻等为代表；二是综合门户网站、地方门户网站以及各类垂直网站的新闻资讯 APP，以网易新闻客户端、腾讯新闻客户端、搜狐新闻客户端等为代表；三是以技术平台为中介的新闻聚合服务类应用，这类新闻资讯 APP 由第三方技术团队开发，以强有力的技术手段，致力于提供移动化阅读服务，以今日头条、一点资讯、天天快报、ZAKER 等为典型代表。

除上述三种主要类型外，有观点认为，自媒体创办的应用也应算作一类，如橘子娱乐、36 氪、虎嗅、毒舌电影、华尔街见闻等一大批自媒体属性的专业类资讯 APP。这些垂直化下的 APP，虽然在用户规模、经济实力上无法与上述三类 APP 抗衡，但其凭借着专业性和强兴趣，吸引了一大批忠实用户，尤其在自媒体快速发展的行业现实下，成为了一股不可小觑的力量。

3.特征

（1）信息海量丰富、可自由排列组合。

新闻资讯 APP 作为移动互联网发展下的产物，显著特征就是信息海量化。

APP 内聚集了当今社会各个领域的信息，无限的空间突破了传统媒体纸张、时间的限制，只要下载一个新闻资讯 APP，就可以获得各领域要闻、用户感兴趣的内容以及本地资讯等多种多样、与生活息息相关的一切信息。同时，这些信息可以自主选择甚至排列组合。新闻资讯 APP 提供订阅功能，用户可自行订阅，还可按照兴趣程度，对这些自主订阅的频道进行排列组合，将更加关注的内容放在更为突出的位置。

（2）快速即时。

新闻资讯 APP，能够超越传统媒体甚至门户网站，最重要的优势就是能提供最为迅速的第一手信息。这得益于信息推送的诞生，可以在第一时间将最重要的新闻推送给用户，不需要用户自行寻找或发现。同时，随着 APP 内直播技术的发展，用户未来将能够深入新闻发生的现场，获得真正意义上的"新闻"。

（3）呈现方式多种多样。

随着图像压缩和视频传输技术的不断发展，受众对新闻阅读的要求也在不断提高，从而使传播方式发生了深刻变革。单纯的文字表述已经不能满足受众的需求，图像、音频、视频与文字的有机结合，构成了新闻客户端上多元化的资讯呈现方式。在新闻资讯 APP 中，形成了文字、图片、视频、语音、直播、GIF、H5 等多种呈现方式的结合，努力给予用户更好的阅读体验。

（4）内容重复，抄袭、标题党严重。

信息的海量也伴随着内容的高度重复和屡禁不止的抄袭现象，随着自媒体内容大量占据 APP 版面，这类问题将越发明显。同时，为了追求点击率，标题党问题严重，新闻标题耸人听闻，很大一部分正文与标题严重不符，极大伤害用户感情。在今日头条中，输入标题党常用的关键词"震惊了"，得到数量庞大的相关内容，涉及社会、天气、母婴、国际等多个方面，如：《5 分钟演讲，震惊了百万大学生》《俄罗斯下了一场雪，震惊了全世界！》《妈妈，我去天堂了，这里太累了！震惊了全国父母！》《一对夫妻 15 年连生 8 个女儿妻子一句话震惊所有人》《刚刚,特朗普出手,震惊世界！》《刁蛮女痛批男友,结果震惊四方！》。

（5）个性化推荐成为主流。

大数据时代下，媒体行业发生深刻变革，点击率、转发数、停留时长等数据成为判断用户喜好，甚至是新闻价值的重要标准。搜索、点击、收藏、订阅、转发等用户行为被记录，每个用户的阅读习惯都能被判断，从而形成不同的"用户画像"，在信息的赋予中做到"千人千面"。

但是，对于个性化推荐的争论也一直存在，有学者质疑个性化推荐只给用户提供他们想看的内容，将会使用户的视野变窄。过度强调个性化和定制化，将会导致用户只读到自己想要读的东西，信息接触面日渐同质化，造成信息茧房效应。在封闭的圈子中，已知认识加强、自我意识减少，用户有可能排斥接受外部世界，思维固化，更为自我。

4. 发展

2009 年 10 月，《南方周末》发布其客户端，揭开中国媒体开发新闻资讯 APP 的热潮。网易新闻客户端于 2011 年 3 月上线，人民日报客户端与新华社客户端在 2014 年 6 月正式上线，标志着央媒加入移动新闻争夺的大军中。2012 年 3 月，张一鸣创建"今日头条"，在 2014 年成为影响力最大、话题性最强的新闻客户端，截至 2020 年，今日头条的累计激活用户数达到 6 亿，日活跃用户超过 1.2 亿，其基于数据挖掘的个性化推荐机制，给新闻资讯 APP 的发展带来了全新的思路与巨大的挑战。

我国新闻资讯 APP 的发展可分为三个阶段：试探期、稳步发展期和快速发展期[30]。我国新闻资讯 APP 的发展应分为：试探期、快速发展期、冷静期／争夺期三个阶段。以《南方周末》为代表的第一批媒体开始了新闻资讯 APP 的尝试。之后一大批新闻资讯 APP 如雨后春笋般出现，以网易、搜狐、新浪为代表的门户网站和更多的传统媒体加入争夺阵营；以今日头条为代表的新兴互联网公司崛起，无数垂直类网站的 APP 大量出现，行业进入快速发展阶段。但是，随着技术的逐步成熟，APP 的准入门槛降低，除了背景雄厚的主流媒体、有着大量资金支持的门户网站、算法强大的新兴推荐平台之外，大量小型的、主打资讯的 APP 不断涌现。随着市场的逐渐饱和与问题的显现，必定会出现竞争与分流，新闻资讯 APP 的运营者将处于不断冷静的状态。

新闻资讯 APP 总体上呈现诸侯争霸的局面，行业还未形成稳定格局。目前，搜狐新闻因缺少资金支持，且自身盈利受限，逐渐没落，宣布对新闻进行改革，裁撤内容部门，不再设置编辑岗位，成为自媒体平台。凤凰新闻大力投资一点资讯，希望以其对抗今日头条，抢占个性化推荐市场，目前来看，前景不容乐观，虽然一点资讯拥有超过 2 亿的装机量，但因主要依靠小米和 OPPO 预装，90% 以上为安卓用户，大部分是低端红米用户，结构畸形严重。腾讯新闻凭借强大的资金优势，"两条腿走路"，在腾讯新闻客户端之外，创立天天快报，强调个性阅读，投入大量人力物力财力，广邀明星，崛起速度较快，目前，天天快报的日活数已超过 1 亿。

---

[30]　褚玉晶. 新闻采编与职业能力培养研究 [M]. 西安：世界图书出版西安有限公司，2018.

网易新闻与腾讯新闻是传统门户网站中仍然在移动资讯领域保持领先的代表。网易新闻凭借"有态度""无跟帖不新闻"等理念，拥有一大批忠实用户，但同样面临巨大竞争，正在积极发展个性化推荐，目前来看效果并不理想。网易在原创、硬新闻等内容上保持领先优势，但个性化推荐不准确，为了抢占个性化市场伤害了不少忠实用户。今日头条则成了目前发展势头最猛、用户活跃度最高、最受广告主青睐的新闻资讯APP，凭借技术领先地位，争夺个性化市场，抢占了大量用户。同时，梨视频等短视频类新闻资讯APP开始崛起，使得未来的行业局势更加扑朔迷离。

随着竞争的加剧、更多资本的介入，可预见未来新闻资讯APP市场将形成三足鼎立局面。以央视新闻、人民日报为代表的主流央媒有着强大的支持，将会长期存在，不为市场而困扰，适应新媒体的挑战，快速准确为用户提供时政、国际类新闻。网易新闻、腾讯新闻这两家传统的门户网站，则凭借网易和腾讯强大的资金实力和多年积累的行业优势，继续领跑门户网站的新闻资讯APP。今日头条作为后起之秀，凭借强大的技术优势，继续发力，甚至凭一己之力对抗这些背景雄厚的媒体。以新京报为代表的一大批传统媒体，则更多扮演着为这些大型新闻资讯APP供稿的角色。新浪新闻、搜狐新闻逐渐没落，百度新闻则一直存在感较低。一点资讯、ZAKER，天天快报等新兴的互联网公司打造的APP则在今日头条的巨大压力下，生存艰难，但会保持一定的市场份额。同时，一个值得注意的现象是，以梨视频为代表的短视频APP的兴起，将凭借快速及时和真正的现场感，弥补新闻资讯APP内容领域的短板，大有可为，成为一股中坚力量。

（二）信息推送

1. 定义

学术界关于信息推送有不同的理解。第一种将推送作为信息的"搬运"功能，如今日头条，就作为一种不生产内容，只是将各个新闻网站的热点新闻根据用户的喜好或关注程度进行热点推送。第二种理解是将推送理解为一种服务，是将热点新闻主动推送给用户，带有一定的强制性。从传播学的角度来看，新闻推送指移动终端与网络新闻相结合的产物，它是以移动终端为发送平台，能够定时定量地向移动终端用户发送新闻，提供咨询。信息推送是依托新闻资讯APP这一移动阅读平台，为用户提供即时新闻、本地化和个性化内容的一种强制性服务。

2.演变

信息推送有一个逐渐发展演化的过程。最早形成的是全量推送，其长时间存在，并逐渐增加娱报推送，目前形成了"三大版块＋n条突发"的模式。本地推送最初着重于本地的新闻性内容，后逐渐以服务信息为主。个性化推送起步较晚但发展迅速，在今日头条兴起后逐渐得到重视，目前大部分传统媒体创办的新闻资讯APP暂时没有个性化推送，商业网站创立的APP着重于频道大类的个性推送，而新兴的技术驱动的互联网公司创办的新闻资讯APP的个性化推送较为细致，基本涵盖了各个方面。

"信息推送"在新闻资讯APP中的重要性越发凸显，作为一种新型的传播形式，为用户的信息获取方式带来了全新的体验。信息推送可以以较小的投入获得较大的效果，其投放精准、成本低廉，但能拉活用户、增强用户黏性、提高APP留存率，逐渐成了各家APP争夺的战场。

二、信息推送的内容运营

信息推送的主要内容分全量推送、个性化推送、本地推送三种类型；在推送内容的来源方面，有完全依靠原创内容的，也有与传统媒体进行合作、邀请自媒体入驻等不同形式；在推送语的写作中，也出现一些新变化，更多运用悬念式摘要，吸引用户点击，文风越来越活泼，并能更多地看到情感色彩。

（一）信息推送的内容

1.全量内容

全量推送与首页要闻区一起构成了一家新闻资讯APP最重要的部分，代表了一个媒体的水平，也是用户最多，审查最严的部分。全量推送理论上是对所有下载其APP的用户进行推送，但是由于一些限制，最后接收到全量推送的人数实际上会少于下载用户的数量。

在全量推送中，逐渐形成"三大版块＋n条突发"模式。三大版块是指早报、午报和晚报。早报的推送时间一般为早上7：00—8：00，会根据情况稍有变动，主要内容是凌晨至七点前的重要新闻汇总，也有对当天重要事件的提醒；午报的推送时间为12：00左右，为当天的娱乐新闻汇总；晚报基本在22：00前推送完毕，主要内容为适合夜间阅读的轻松类新闻或重要新闻汇总。除上述三个固定板块外，一些新闻资讯APP也形成了自己的特色栏目，ZAKER有"下午茶"版块，多数为近期热点内容，不仅仅局限于新闻；财新网有"一周评论"版块，对一周的财经热点新闻进行评论汇总等。其余的全量推送多为当天的突发新闻，推送多少条、推送什么内容，视当天的具体情况而定。

通过对网易新闻、腾讯新闻、今日头条、一点资讯、ZAKER、人民日报等的观察发现，全量推送的主要内容包括：重大事故、突发性事件、重要政策法规的出台、热点事件的后续报道以及可预测的重要事件等，以硬新闻为主，还有一部分为品牌类的推广。

2.个性化内容

（1）个性化推送的定义。

新闻个性化推送作为新闻资讯产品运营过程中火力最为集中也是竞争最为激烈的部分。传统新闻媒体客户端、门户网站旗下新闻客户端想要发展的同时，也在借助各自优势综合新闻个性化推送来满足用户信息需求。抢占用户市场、抢先数据优势是新闻个性化推送出现并繁荣发展最为重要的两点原因。各大新闻媒体看重用户市场是对互联网时代下行业发展局势的正确解读，也将为新闻资讯产品市场规则与行业发展提供好的经验和启示。

究竟什么才是个性化推送？新闻推送与其他领域信息推送有其共同点，其主要类型可以大致分为两类，全量推送与个性化推送：全量新闻推送即为对所有下载用户进行新闻推送行为，即内容无差别性推送，接收用户对象为所有下载用户，这一类型推送方式主要用以两种情况，一是以传统新闻媒体旗下新闻资讯产品，无技术干预，对于新闻事件的全用户推送；二是以某一重大热点事件为出发点，所进行的新闻推送，其内容具有很强的新闻价值。但究其根本，一般来说最终的推送范围因为用户使用行为及限制，最终的推送数量往往少于真正的下载安装数量。如果说全量新闻侧重点在于新闻事件内容本身，那么个性化推送的出发点就在于用户千差万别的新闻需求。举个例子，本地化内容推送本地化内容推送作个性化新闻推送的发展，是新闻资讯产品运营者对于用户行为及用户阅读感受的进一步研究和考虑，不同用户来自于不同地域，移动客户端安装对用户所在位置进行 GPS 定位，并推送特定地域的新闻信息，能够引起阅读者心理认同感，拉近与用户之间的心理距离。

同理，任何为用户推送兴趣内相关新闻或者当下最为感兴趣的新闻内容，都会增强用户对于产品本身的信任感和依赖感。这一推送方式具有很强的存在价值，对于商业性移动客户端来说，推送本地服务性信息，蕴藏着强大的商业性价值。对于个性化推送来说，更是不可缺少的一部分。

因此，两种新闻推送类型中，个性化新闻推送的出现，是新闻媒体与新闻资讯产品运营者意识的觉醒，是对于互联网之根本用户位置的重视。个性化推送借助算法依赖于大数据，依据用户在社交性新闻资讯产品浏览、订阅、收藏、点赞、评论、时长等使用行为进行大数据分析，同时在同类型平台中跨平台进行用户画像分析，能够在无声无息中对用户行为了如指掌，以便于更好地进行个性化新闻推送。除了机器干预之外，编辑也会进行一定的内容干预，放在如今发展现状来看，技术所显现的弊端也越来越明显。

（2）个性化推送的内容。

个性化推送包括人工推送和机器推送两部分。人工推送是指编辑进行的推送，包括稿件的选择，标题、导语的写作，内容的分发等，都由编辑干预，与全量推送在操作中并无区别，只是推送给相关标签下的用户。机器推送是指由机器进行的推送，机器负责抓取海量信息，进行过滤、筛选，生成标题和摘要，分发给特定标签下的用户。其中一类机器推送是新闻资讯APP与地震台、气象中心的合作，新闻资讯APP能对其发布的地震消息、重要天气变化自动推送。理想状态下，机器推送全部由机器操作与分发，不需要人工干预，但现实情况是，如今的机器推送仍存在不少缺陷，需要人工进行干预，于是出现了介于两者之间的，机器抓取，人工负责审核的推送，但总体说来更偏向于机器推送。今日头条声称完全由机器分发，但在推送中主要由机器抓取、过滤、分发，人工修改标题与摘要；一点资讯是机器抓取、过滤、分发，存在人工审核，编辑会将机器过滤不掉的旧闻、色情等内容人工阻止其推送。

因个性化推送的内容因人而异、"千人千面"，每个用户都可能收到不同的推送。

综合性门户网站的个性化推荐起步较晚，技术上并不成熟，主要以大类推送为主，基本按照频道的划分进行，分为社会、娱乐、体育、军事、科技、财经、时尚、汽车等方面，主要以社会、娱乐、体育、财经、科技领域的推送为主。推送的内容为各领域的重要新闻，是对本领域重要的但不够进行全量推送的内容进行个性化推送，延续的是传统的新闻价值判断标准；推送方式上基本都为编辑操作。而以技术驱动的互联网公司在推送上则更为细致与长尾，内容也不局限于新闻性的要求。

从具体情况上看，母婴、职场、星座运势等看似冷门的领域却有着十分庞大的用户群体，可见用户对这些信息有着强大的需求欲。用户甚至会收到关于偶像动态、装修设计、宠物信息、新闻动态、股票变动、减肥食谱、彩票开奖、园艺知识、心灵鸡汤、保健常识等在内的上万种与用户兴趣爱好相匹配的推送，信息量全面且庞大。而传统媒体的APP基本暂无个性化推送相关内容。

（3）个性化推送的特征。

新闻个性化推送在内容层面来看，除去所有新闻本身具有的即时性、真实性、客观性之外，最大的特征即为"机器取代人工"，做到新闻推送与用户需求精准匹配。

即时性：新闻推送作为新闻事件的延伸传播，具有新闻本有的一切特质，当新闻报道从其产出到传播的任意环节都具有即时性，只有这样才能够保证新闻推送即时传播。当新闻事件从发生到推送到用户，整个过程时间越短新闻价值就越高，尤其对新闻行业来说，不论是从新闻职业素养还是市场竞争来讲，速度和内容一样重要。同时，从用户角度来看，接收到新鲜的新闻和接收到感兴趣的新闻一样重要，都可以判别该新闻资讯产品是否合格。

"机器取代人工"：算法推荐是个性化新闻推送存在的根基，把新闻内容传播从一对多模式转变为一对一的精准推送，用户想要看什么样的内容、需要什么样的信息，所有与用户相关的需求都是产品运营者与算法更新优化所必须考虑的焦点。从某种角度来看，也可以说是新闻内容本身与用户兴趣的匹配。

内容个性化：用户需求因用户个人因素具有一定的独有性，对什么样的内容感兴趣，在什么阶段对什么样的内容感兴趣，阅读喜好随时可能发生变化。因此，对于个性化推送来说，内容的个性化不仅是对媒体品牌本身的集中展示，更是对用户需求的个性化满足。

3. 本地化内容

新闻资讯 APP 可对用户进行地理定位，识别用户所在城市甚至区县，将本地新闻精准推送给用户。一般情况下，每天只对用户推送一条当地的新闻，北上广深等重要城市视情况可推送两条。目前，网易新闻、腾讯新闻等可按照城市推送，搜狐还存在省级推送，今日头条可精确到区县。

本地推送是根据用户的地理位置或用户的城市订阅，向其推送本区域的重要新闻和服务性信息。需要指出的是，传统媒体打造的新闻资讯 APP 着重于全量推送的运营，几乎不涉及个性化和本地的推送，在对这两部分的论述中，不涉及传统媒体打造的 APP。

（1）主要内容。

①突发新闻、重要新闻。当地的突发新闻，如爆炸、火灾、车祸等，是本地推送的重要内容。而当地政策法规的出台、地方领导的人事变动、影响重大或恶劣的社会新闻等重要事件，也是本地推送的重点。

②猎奇类社会新闻。各新闻资讯 APP 都比较喜欢推送当地的猎奇类社会新

闻，尤其是涉及男女关系、谋杀案件等内容，普遍点开率较高。此前，因突发新闻具有随机性，所以各家在本地推送的日常运营中，都比较重视对社会新闻的推送，而社会新闻的数据表现普遍也较好。但是，随着对本地推送认识的不断加深，民生信息逐渐成了本地推送中最为重要的内容。

③民生类信息。随着对本地推送认识的不断加深，推送的内容更加重视人性化与服务性，多以当地的天气变化情况、交通状况、房价变动等与民众生活密切相关的民生信息为主。

（2）本地推送的特色版块——寻人。

目前，在本地推送中，专门开设"寻人推送"版块。各新闻资讯 APP 正在加快寻人版块的构建，大力推广寻人推送，打造口碑。今日头条、一点资讯已建立寻人频道，网易新闻、搜狐新闻等也已开始进行寻人 push 的推送。

今日头条 2016 年 2 月 15 日启动全国公益寻人项目，在今日头条平台发布老人走失信息，借助大数据等技术手段帮助找回走失亲人。除了寻找走失人口外，今日头条甚至会推送走失动物的信息。2016 年 11 月 16 日，一点资讯全面接入公安部儿童失踪信息发布平台，该平台可即时发布各地儿童失踪信息，并自动推送到失踪地周边一定范围内相关人群，用户可提供失踪儿童线索，尽快找回失踪儿童。

此类寻人推送内容较单一，主要是走失人口的外貌特征、基本信息、走失地点等，点击率普遍偏低，但投入小、成本低，最为重要的是可以打造一家 APP 的口碑，塑造良好的社会形象，体现人文关怀。

（二）推送内容的来源

信息推送的所有内容，都为新闻资讯 APP 内部的稿件。在内容来源方面，传统媒体创办的 APP 主要采取完全原创以及原创＋其他传统媒体内容两种形式，综合门户网站以及新闻聚合应用更多采用与传统媒体及官方进行合作、邀请自媒体入驻、以及少量原创的形式。

1. 原创内容

（1）完全依靠原创内容。

一批传统媒体创办的新闻资讯 APP，完全依靠自己的原创内容，其中以澎湃新闻、央视新闻、南方周末为代表。南方周末因主要为深度报道，采访写作时间长、推送不频繁，与大部分新闻资讯 APP 的规律有很大不同。澎湃新闻与央视新闻推送较为频繁，因基本为全量推送，按照当天突发事件的数量，推送在 3—10

条不等。澎湃新闻推送的基本为记者采写的文字稿件，央视新闻根据自身的特点，着力推送国际和本地突发新闻，以及直播的相关内容。

（2）部分原创内容。

目前，能够完全自主采写的新闻资讯 APP 数量较少，大部分采取传统媒体稿件＋官方内容＋自媒体内容＋部分原创的形式。人民日报创造闻、评、问、听、报、帮等版块，有央视新闻、中国新闻网等提供的内容，也有自己对热点事件的评论，同时还将《人民日报》报纸上的内容移植到客户端中来，形成了多种内容的结合。网易新闻客户端设立独家频道，包含数读、浪潮、热观察、槽值、人间等原创内容，2012 年创立的轻松一刻也已成为网易新闻的特色栏目，吸引大批忠实用户。腾讯新闻出品的新闻哥，"换个姿势看新闻"，用嬉笑怒骂的方式写最好玩的新闻。一点资讯有 PK 台和一点盖楼队，鼓励用户对热点事件表达态度，发表评论。这些优质的原创内容，也是推送中的重点。

2. 传统媒体合作内容

新闻资讯 APP 用户众多，发展势头猛，但更多的是平台属性，如今日头条、天天快报等，空间巨大，一直在不断寻找大量优质的内容，扩展内容源。而传统媒体具有采编权、公信力较强，有优质内容的产出和行业内的资深人才，但随着新媒体的快速发展，用户不断流失，面临极大挑战，且自身创办的 APP 影响力有限，也在不断寻求提高阅读量、维持影响力的办法。二者进行合作，形成了传统媒体为 APP 提供优质内容，而新闻资讯 APP 为其带来流量的共赢模式。这些传统媒体的稿件主要以时政、社会、调查性新闻为主，是全量推送的重点内容。

目前，国内一大批主流媒体，包括央视、人民网、新华网、参考消息、环球时报、观察者网、新京报、北京青年报、法制晚报、中国新闻网等都已与多家新闻资讯 APP 合作，在各家 APP 中，都可看到这些传统媒体的内容。

3. 官方内容

官方内容是指各地政府、检察院、官方组织的政府文件、案情通报等。这类政府类内容，一部分是自身积极寻求与新闻资讯 APP 的合作，提高影响力，进一步塑造政府形象；一部分是新闻资讯 APP 不断进行拓展，积极邀请其合作；还有很大部分是被迫为之，当地或某组织发生受到关注的事件，需要发布通报给民众以交代。例如，女子在丽江被打毁容一事，就将云南和丽江警方推到风口浪尖，所有人都在等待警方的官方通报。其中，一个值得注意的现象是，新闻资讯 APP 大力与中国天气网、中国地震台、公安部进行合作，接入其平台，自动推送当地的天气变化情况、地震信息以及走失人口信息，起到了良好的服务作用与社会效应。

4. 自媒体入驻内容

自媒体不仅拥有非常丰富的内容，而且涉及很多传统媒体未涉及的领域，与热点联系紧密，有优质的科普知识和深度评论。新闻资讯 APP 空间海量，需要大量内容，其看到了自媒体的巨大潜力，积极邀请优质的自媒体入驻，主要包括知名微信公众号、抖音号的入驻，专家、明星的个人入驻等。很多影响力大的自媒体甚至已经从单纯与平台合作的关系中脱离出来，形成了自己的手机客户端。对于时政、社会等领域，基本很少涉及自媒体的内容，主要集中在娱乐、军事、体育、科技、母婴、健康等垂直领域，以汇总、分析、评论和娱乐性内容为主。目前，自媒体账号不仅有个体运作，而且也有整个团队运作。这类数量庞大的自媒体稿件是个性化推送中的主要内容。

一般来讲，可以将互联网信息传播发展分为：新闻网站——社交媒体——自媒体三个阶段，认为现在的信息传播在一定程度上已进入了自媒体时代。自媒体突破了传统媒体信息发布的模式，个人也可作为信息发布的主体参与到信息传播中来，从"旁观者""接受者"转变成"发起者""当事人"，个体与机构之间、个体与个体之间在自媒体平台上具有同等进入的机会。同时，自媒体也是媒介资源转移的产物，包括人才、内容、用户以及广告资源的转移。

目前，头条号、一点号、网易号、企鹅号、凤凰号等每天生产大量内容。这些实力雄厚的媒体都在积极发展其自媒体平台，这意味着它们需要大量优质的自媒体原创内容，自媒体正在演变成为最大的原创内容来源。但是，自媒体爆炸式的发展，也带来了许多问题，假新闻泛滥、标题党严重、抄袭侵权屡禁不止、商业软文新闻化、炒作旧闻等问题突出。未来的自媒体将会朝着专业化方向发展，这些数量庞大的自媒体也将面临兼并与淘汰，但标题党的问题将依然突出，短时间内商业软文以及入驻新闻资讯 APP 还是自媒体盈利的主要手段。

（三）推送语的写作

信息推送的推送语有字数限制，一般标题控制在 15 个字以内，摘要控制在 55 个字内。因推送根本上是对用户的一种打扰，所以推送语的写作，显得尤为重要。目前，在推送语的写作中，基本形成了交代重点或吸引点击等不同的写作思路；在时政新闻等重要新闻的推送语写作中，比较传统和保守，基本上以交代事实为主；在社会新闻和娱乐新闻的写作上，有比较明显的变化；推送语的写作呈现出越来越活泼的趋势，并能更多地看到情感色彩，但为吸引用户点开，也呈现出明显的耸人听闻和夸张的趋势。

1. 悬念式摘要

凤凰新闻在 2017 年 1 月 14 日的一条推送中这样写道:"女演员雨天外出,凶手突然出现将其挟至角落杀害,关键物证被雨冲刷殆尽;警方追查 4 年,因他一个撩头发动作揭开谜底"。腾讯新闻在同一天的一条推送中写道:"陕西一女子凌晨从睡梦中惊醒,竟发现房间里突然多了一个陌生男子,还没等反应过来,男子又迅速神秘"消失"。搜狐新闻"国家一级演员茶馆卖唱 16 年,名角惨遭冷眼,为挣钱通宵赶场来者不拒,称一切为了良心……真实原因竟是"。2016 年 12 月 25 日,网易新闻"男子见妻子晚上坐在别人奥迪车里聊天,怀疑两人有不正当关系,仗着酒劲,驾驶面包车两次冲撞对方车辆后,竟然还……"可见这类吸引眼球的写作方式十分频繁。

2. 文风更加活泼

河南考古出土 2000 年前的宝剑,新浪推送语的第一句是"宝剑一出谁与争锋!"美国新任总统特朗普宣布退出 TPP,今日头条的推送语第一句是"'群主'美国不玩 APP(跨太平洋伙伴关系协定),中国笑到最后?"北京第 1 张网约车资格证出炉的新闻推送中,ZAKER 的推送语第一句则是"厉害了老司机!"

3. 重视体现情感色彩

国际足联宣布从 2026 年世界杯开始,参赛球队将扩军至 48 支。此条新闻,人民日报的推送语是"国足终于有盼头了!国际足联正式宣布,从 2026 年世界杯开始,世界杯参赛球队将从 32 队扩军至 48 支。"凤凰新闻的第一句是"中国队重大利好!"对于网曝支付宝存在巨大漏洞的新闻,凤凰新闻推送语以"细思恐极!"开头,一点资讯推送语的第一句则是"恐怖!"在娱乐新闻的推送中,也越来越频繁出现"辣眼睛""恭喜"等字眼。

三、信息推送的推送依据

信息推送策略依据对新闻价值的判断,对用户兴趣爱好的判断,对用户地理位置的定位以及点击率的情况进行推送,粉丝经济与场景化阅读在其中扮演重要角色。在推送的运营策略上,针对不同机型、不同地区的用户进行不同的运营,不同使用频率的用户进行不同的推送,重视推送时间的把握等,都是在推送中的重要运营策略。

（一）推送依据

1. 依据新闻价值的推送

随着新媒体和自媒体的迅猛发展，新闻资讯 APP 的核心内容仍是判断新闻的价值，在信息推送中更是如此。信息推送更多的是按照编辑对新闻重要性、新闻价值的判断，来确定是否进行推送，在全量推送上，这一点体现得特别显著。因为编辑对新闻价值的判断正确，才可以在第一时间接收到女游客在丽江被打毁容、和颐酒店女子遇袭、乔任梁去世、林丹出轨等信息。总体来讲，编辑对新闻价值的判断基本上延续传统媒体时代的法则。

2. 依据用户兴趣的推送

如今，很多新闻资讯 APP，特别是具有商业性质的 APP 都在大力发展个性化推荐，而个性化推荐的重点，就是按照用户的兴趣爱好，将他们可能感兴趣的内容推送给他们。人们拥有不同的兴趣爱好，依赖于技术的进步、机器的判断以及算法与编辑的不断沟通与磨合，可以不断完善 APP 对用户兴趣爱好的判断。

（1）用户行为的记录。

①订阅频道的划分。从一定程度上来讲，个性内容的推送取决于用户的订阅行为。在综合性门户网站中，搜狐新闻在个性化推送上起步较早，其在划分频道上，除了一般的娱乐、科技、财经、军事、生活等大类，还做出了很多精细的划分。科技领域下，划分出游戏、手机、互联网、VR、无人机等频道；汽车下，有 SUV、新能源车、女司机等频道；生活休闲版块更是多种多样，彩票、风水、中医、婆媳、钓鱼、理财、养生、摄影、公益、宠物等，涵盖了生活的各个方面。新兴的互联网公司，着力发展个性化推荐和长尾效应，今日头条、一点资讯、天天快报等的划分更为细致和多样。"今日头条"中，有超过 200万个内容各异的频道，包括特卖、电影、电视剧、故事、语录辟谣等。

以天天快报为例，看一下它的频道设置情况。在订阅频道中，包括视频、订阅、娱乐、社会、汽车、英超、NBA、搞笑、体育、军事、美女、财经、互联网、GIF、图片、情感、时尚、房产、国际、历史、萌宠、养生、星座、电影、育儿、数码控、美食、政务、男人装、Trends、王宝强、Angelababy、TFboys、鹿晗、赵丽颖、吴亦凡、宋茜、杨洋、电视剧、日娱、韩娱、摇滚、科幻、太空、彩票、iPhone、摄影、钓鱼、腕表、奢侈品、文化、儒学、佛学、茶道、收藏、修仙、武侠玄幻、经典名著、教育、长知识、法治、三农、二手车、健身、跑步、瑜伽、中超、网球、户外、搏击、怀孕、创意、穿搭、园艺、开车达人、股票、理财、职场、健康、占卜、化妆、恋爱、减肥、家居、旅游、鸡汤、航空、日本、澳洲、游戏、电竞、LOL、二次元、Cosplay、王者荣耀，共计 95 个订阅频道。

天天快报的频道设置种类丰富，涉及生活的各个方面，同时也为不同兴趣爱好的用户提供了多种选择。这些新兴的新闻资讯 APP，早已超越了传统的新闻媒体，努力为用户提供各方面、各领域的多种资讯信息。

②用户的使用行为。除上述频道订阅外，用户的点击、搜索、分享、收藏、停留时长等行为，都能被机器记录，从而不断判断用户的喜好，对其进行个性化推送。大部分新闻资讯 APP 通过对用户上述行为的判断来进行推荐和推送。用户会清晰感受得到，当他使用新闻资讯 APP 时，点击了几篇同类型的文章，之后的一段时间里，便会经常收到相关内容的推送。

（2）粉丝经济得到重视

在对用户兴趣爱好的运营上，粉丝经济逐渐受到重视，对粉丝群体的认识逐步加深。"粉丝"一词，源自英语"fans"，美国麻省理工学院教授亨利·詹金斯指出粉丝是"狂热的介入球类、商业或娱乐活动，迷恋、仰慕或崇拜影视歌星或运动明星的人"。商家借助一定的平台，给粉丝用户提供多样化、个性化的商品和服务，最终转化成消费，实现盈利。如今，粉丝文化得到快速发展，粉丝呈现职业化趋势，并逐渐形成"粉丝产业"，专业化程度不断提高，粉丝经济逐渐得到重视。在这样的现实情况下，新闻资讯平台也看到了粉丝经济的巨大前景，积极运营起粉丝群体，吸引用户，实现盈利。

①"偶像"的类型。粉丝所拥护的偶像包括人与物两个方面。人主要是指影视歌明星、知名草根、各领域领军人物、意见领袖以及虚拟人物等。歌手、电视剧演员、电影演员等拥有大量忠实粉丝甚至狂热粉丝，粉丝参与程度高；草根凭借自我炒作或无意行为受到关注，吸引一批粉丝，比如早期的犀利哥、凤姐，如今的 papi 酱、艾克里里等，以及一批主播、网红等；行业领军人物也有着一定的支持者，马云、马化腾、雷军等科技、互联网圈名人，卓伟这类知名娱乐圈人士等等；微博大 V 们则是意见领袖中的重要代表。还有一类虚拟人物，它不是真正的人类，而是日本文化滋生的虚拟偶像，以初音未来、洛天依等为代表，也拥有一批忠实拥护者。而物则包括小说、游戏、影视剧等 IP，某一企业、某一文化等。《何以笙箫默》《甄嬛传》等热门小说，《魔兽》《仙剑奇侠传》等游戏，《来自星星的你》等影视剧，都积累了大批粉丝。对某企业的认同感、某一产品的极度信赖，也会形成粉丝效应，手机领域中存在的果粉、米粉就是典型代表。

②主要方式。新闻资讯 APP 看到了粉丝经济的巨大前景，在 APP 内部，形成了有针对性的运营方式。

一是明星代言。新闻资讯 APP 利用明星代言，在粉丝群体中进行品牌推广，其中尤以搜狐新闻客户端为代表。2016 年年初，搜狐新闻网罗王凯、赵丽颖等热门明星拍摄海报广告，登陆国内各大城市繁华地段，宣传"看新闻还是得用搜狐"。

二是明星入驻。众多自媒体入驻新闻资讯 APP，其中明星入驻占有很大比例。凤凰网设立凤凰号，范冰冰、姚晨、Angelababy、佟丽娅、张靓颖等话题女王坊已入驻。一点资讯有包括董明珠、雷军等商界大佬、吴亦凡等热门明星在内的名人入驻，带来了一大批粉丝，"吴亦凡"频道有将近 600 万人订阅，其中很大一部分是因吴亦凡的入驻而带来的粉丝用户。

三是对"偶像"信息的推送。当用户在新闻资讯 APP 内订阅偶像频道、经常搜索偶像相关信息，算法将其行为记录，之后该用户将会收到大量关于偶像的推送，有利于提高粉丝用户留存率。一点资讯举办魔兽主题相亲会，将此信息推送给魔兽的兴趣用户，最终吸引一批用户参与，效果良好。

3. 依据地理位置的推送

本地推送是基于 LBS 技术的推送，LBS（基于地理位置的服务）代表着移动互联网未来的发展方向。LBS 是通过电信移动运营商的无线电通信网络或外部定位方式（如 GPS）获取移动终端用户的位置信息，在地理信息系统平台的支持下，为用户提供相应服务的一种增值业务。这种基于地理位置的场景化传播，给用户带来了全新的体验，也给移动互联网的传播模式带来了新的可能。

新闻资讯 APP 包含着海量的大数据资源，是随着移动设备的产生而应运而生的，其已与社交打通，可以对用户进行地理位置的定位。在未来，随着技术进步和场景化服务的发展，不只可以简单地对城市定位，区县定位，甚至能够真正意义上做到根据某一场景提供服务，针对不同场景推送不同内容。假设一个身处北京的用户，每天早上 8 点出门，乘坐 13 号线，在五道口上班，这些信息都将会通过 WiFi 连接情况、行进速度变化、位置变化等被 APP 精准了解到，如果当天 13 号线发生故障，便可提前推送告知用户，并提供换乘建议，中午则可推送外卖信息或周边餐厅特色菜品等。这种信息推送，还可应用到购物等多个领域，如用户身处某一商场，可对其推送该商场的店铺折扣、店铺上新、附近餐厅、招牌菜色。甚至可根据用户的年龄、浏览记录、兴趣爱好等，有区别的推送。假设一个 30 岁左右的女性用户，曾浏览过与怀孕、育儿、孕期等相关的信息，便可尝试推送商场的母婴类相关店铺，真正实现场景化服务。

4. 依据点击率的推送

总体来讲，所有信息推送都是基于数据的推送。在大数据时代，数据海量、具体，可以通过应用大数据来判断用户，构建精准的用户画像，同时，也可以及时呈现点击率、推送打开率等数据，为编辑的工作提供指导价值，甚至起决定作用。如今，新闻资讯 APP 主要在点击率、分享数等数据指标来考核编辑，这一现状，必然会导致"点击率为王"的局面出现。从实践经验上看，页面新闻的点击率几乎是即时更新，第二天便会显示信息推送地点开率。更多是按照流量数据来考核编辑，更少忠于挖掘权威信息与事实真相，这就使编辑在实际操作中，更多地倾向于推送可能有更高点开率的内容，过度追求数据和眼球效应，造成多种问题：①内容过分迎合用户，奇葩社会新闻、娱乐性内容泛滥；②推送尺度大、低俗内容多；③假新闻增加；④推送语写作夸大事实、耸人听闻。

（二）推送的时间运营

信息推送的推送时间为早 7：00 至晚 23：00 之间，多集中于 7 点、10 点、12 点、15 点、17 点、22 点这几个时间段。原则上来说，在睡眠时间（23：00—次日 7：00）不向用户进行推送，但也存在特殊情况，发生特别重大的突发新闻时，一些 APP 也会选择进行推送。2016 年 8 月 16 日凌晨，王宝强在微博发布离婚声明，虽然是睡眠时间，但因事情重大，各家都对其进行了推送。针对重要事件的夜间推送，不同 APP 也有着不同的选择。2016 年 3 月 4 日晚，Selina 宣布离婚，一点资讯选择只对娱乐用户推送；2017 年 2 月 17 日凌晨，巴基斯坦清真寺遭遇自杀式袭击，央视新闻、网易新闻、新浪新闻三家 APP 选择进行推送，而其他 APP 则没有推送。

对重要新闻必须推送，又怕打扰用户，一些 APP 会选择进行静音推送。技术开发静音推送按钮，编辑在操作时选择静音推送，用户在收到该条推送时，没有推送提示音。

同时，推送条数过多，过于频繁，而这其中就存在推送密集、时间间隔短的问题，有时一个用户会在 1 个小时内收到一家 APP 的多条推送，影响用户体验。如图所示，网易新闻两条推送仅间隔 3 分钟；ZAKER 在一小时内就推送了三条内容，推送过于密集。

（三）推送的分平台、分机型运营

新闻资讯 APP 是基于手机的应用程序，与手机渠道商有着密切的合作，同时随着技术的进步，APP 不仅可以判断用户使用的是 iOS 程序还是安卓程序，甚至可以确定具体的手机型号，在这样的背景下，新闻资讯APP已开始进行分平台推送的尝试与分机型推送的设想。针对安卓用户和iOS用户推送不同的内容，从实践经验和点开率来看，安卓用户更愿意点开标题党、生活信息、娱乐八卦类等内容的推送，而苹果用户则对科技财经、评论分析等稿件有更强烈的点开欲。

从分平台运营的结果看，这一运营方式效果较为理想，分平台运营更有针对性，使得各自点开率都有显著提升，iOS用户的留存率增加，用户更容易接收到感兴趣的内容。同时，新闻资讯APP可以从渠道商处获得各机型的用户画像，了解本APP内不同手机用户的年龄、性别、阅读爱好、留存率等情况，根据不同的手机用户的总体情况，进行不同的推送，提高留存率。但是，渠道商很少给出真正的核心资料，具体的用户核心资料较难获得，给分机型运营造成了一定困难。

（四）推送的分区域运营

不同地区的用户对信息的需求有很大差异，其对推送内容的喜好也有很大不同。一线城市外来人口较多，对政策变化较为敏感，行业前沿信息需求大，关注热点事件并愿意发表评论，个人色彩较浓。二三线城市及小城市的本地人口较多，对民生信息更为感兴趣，乡土情感较浓厚，家庭意识强。因此，在其他变量一致的情况下，对北上广深等一线城市用户的推送中，交通情况的变化、网约车、摇号、房价等信息、职场信息、热点事件的追踪等内容，可重点推送；二三线城市可重点推送国企改革、生活信息、市容市貌变化等内容；对农村用户，则可加强农业技术、农业政策等农业信息以及娱乐消遣性内容的推送。

四、信息推送的现状与改进策略

（一）信息推送的现状

因全量推送大多是突发新闻，编辑在运营过程中有时会出现为了抢时效而缺少核实、欠缺新闻真实性的情况。个性化推送的最大优势就是符合用户的兴趣爱好，而一旦对其爱好判断失误，由此推送的内容将引起用户的反感。本地推送同样如此，一旦定位不准，这些推送的信息都会成为打扰性信息。同时，从推送的发展现状来看，信息推送整体呈现越发频繁的趋势，标题党问题突出，且内部存在竞争，互相争抢稿源，造成某一新闻的重复推送。

1.欠缺真实性

信息推送多为突发类事件，强调快速及时，重视时间性，尤其是全量推送。

各家新闻资讯 APP 在推送全量内容时，可谓争分夺秒，都在争取做第一家推送的 APP。从实践经验上看，推送的速度越快，点开率越高，传播效果越好。假设一个用户在手机上安装了两个新闻类客户端 A 与 B，在一条重要突发事件中，A 第一个向他推送了此条新闻，那么之后 B 推送的内容，对于用户来说就是无用的、甚至是打扰的信息。在一段时间内，一直是 A 先对其推送，用户就有可能将 B 卸载。在这样的现实情况下，编辑在具体运营中就有可能出现为抢时间而缺少核实、欠缺真实性的情况。在个性化推送中，因大量使用自媒体的稿件，未经核实就发布报道，炒作旧闻，互相抄袭、跟风报道的情况更是时常发生。关键的一点是，信息推送的形式特殊，它造成的错误是不可逆的，信息推送一旦推入用户手机中，不可能撤销掉。

2. 内部分工不明

在实际推送工作中经常发生新闻资讯 APP 内部争抢稿源的情况。因全量推送、个性化推送、本地推送分属不同部门，一条稿件的划分也没有绝对界限，便出现沟通不畅、重复推送等问题。一条美国战斗机在南海上空盘旋的新闻，属于军事还是国际，很难明确，两频道的编辑都对其进行推送，就会造成一部分用户收到两条相同内容的新闻。同时，全量推送处于优先地位，对于一条重要稿件，只有要闻编辑明确不发，相关频道才可进行推送，这就有可能造成沟通不畅，都进行推送的情况。同时，推送还有人工推送与机器推送之分，二者也会造成重复。这些情况的发生，都严重影响用户体验。

3. 推送数量过多

在全量推送的实际运营过程中，有早、中、晚三个固定版块，以及一些特色板块的推送，同时要求编辑每天有 2 条左右的全量推送，再包括意料之外的突发事件……一般情况下，每天全量推送超过 5 条，个性化推送中，有各频道的推送，甚至是更细小的个性化推送，再加上本地新闻的推送，一个用户一天至少在一家新闻资讯 APP 收到 10 条左右的推送。随着推送的常态化，新闻、社交、地图、团购等 APP 都在进行推送，每个用户每天都会收到数量庞大的推送，不胜其扰。从行业的发展现实可以看出，各新闻资讯 APP 都加大了推送的力度，推送越发频繁。但过于密集的推送是否真能起到拉活用户，增强用户依赖性的作用？有访谈对象表示，此前下载了多个新闻资讯 APP，但正因为过于密集的推送，内容多有重复，且推送语雷同，因此卸载了好几个新闻资讯 APP。不可否认，推送对于即时新闻的发布、提高日活、留住用户具有重要的意义，但过于频繁的推送，不利于提高用户体验，甚至打扰用户正常生活，很可能招致卸载。

中午的娱报推送，存在着较大争议。因用户普遍喜好八卦内容、对明星隐私的窥探欲加剧，娱乐新闻的点击率普遍很高。在这种情况下，多家APP都专门开设了针对娱乐新闻的全量推送版块，虽然点开率很高，但很多内容的新闻价值不大。

4. 标题党问题突出

在"点击率大于天"以及自媒体盛行的情况下，标题党问题格外突出，这一问题又因个性化推送得到加强。传统媒体更重视新闻性信息，他们的稿件以硬新闻为主，主要是时政、社会类内容，而个性化推送却需要大量长尾的、多领域的资讯，因此自媒体的文章在个性化推送中占据很高比例。自媒体文章互相抄袭的现象较为严重，不少自媒体为了增加阅读量，就在标题上做文章，用耸人听闻标题吸引眼球。于是在个性化推送中更多地看到"震惊""原因竟然是""没想到"等字眼的推送，标题党问题严重。

5. 个性化推送过度

"兴趣内容"是基于对用户兴趣预判以及算法的不断驯化所推送给用户的新闻内容的统称。如同硬币的正反面，这种看似"越来越懂你"的技术，也触发了"信息茧房"效应。人们往往跟着兴趣走，只接触自己偏好的信息内容，久而久之，难免会将自身桎梏于像蚕茧一般的"茧房"中，导致信息接受范围日益窄化[31]。

而个性化推荐的不断发展，也出现了一个尴尬的局面——个性化推荐过度。越来越多的用户反映，当他在某一个新闻资讯APP中点击了一篇某类型的文章，之后就会收到大量相关内容的推送，而他之前的点击行为很可能是无意的。同时，这类无意义的推送又占据了重要新闻或用户真正感兴趣的内容的推送空间，造成双重副作用。

6. 个性化推送匹配度不高

因个性化推荐极大满足了用户的需求，对用户有着强黏性，各家新闻资讯APP都在大力发展个性化推荐系统，但是，当个性化推送内容与用户的兴趣爱好匹配不高时，这样的推送对用户来说就是无用，甚至是引起反感的打扰性信息。在手机下载了今日头条，平时会看一些体育类新闻，但是除体育类的推送外，还经常能收到军事类或国际局势的相关推送，让他感觉很莫名其妙，对此表示反感。

---

[31]　胡睿，孙鑫淼．基于用户思维的优化：原生系移动新闻客户端运营解析 [J]．新闻界，2016（06）：43-48.

7. 地理定位不准与定位延时

新闻资讯 APP 的本地推送，是基于对用户地理位置的判断进行的。目前，主流的手机定位方式包括 GPS 定位、基站定位、混合定位（wifi 定位），APP 采用最多的定位方式是通过整合基站和 wifi 的数据进行用户位置确认。定位准确将会起到重要的服务作用，拉近与用户的心理距离；一旦定位不准，这些推送就会变成垃圾信息。试想一个身处郑州的用户，一定不在意广州交通、天气情况的变化。一个杭州的用户，也一定不想知道沈阳的污染情况。但因技术条件的限制，有时就会出现对用户地理位置定位不准的情况。同时，因机器对地理位置定位的延迟，也会出现推送的延迟与不准确情况，这样的问题对于经常有出差需求的用户来说尤为明显。

（二）信息推送的改进策略

1. 控制推送数量

目前信息推送的数量过多，且推送密集，十分打扰用户[32]。很多内容没有推给全部用户的必要，个性化推送以及本地推送又因匹配不准确，经常造成问题。在这种情况下，新闻资讯 APP 应该控制推送的数量，努力提高推送内容的质量。在突发事件发生时，第一时间进行推送，但不能为了考核的需要，滥用奇葩类社会新闻和耸人听闻的写作方式，以骗取用户点击。

2. 着力发展本地化服务

目前新闻资讯 APP 市场同质化严重，大力发展本地化服务是突围的良方，本地化推送在其中起到重要作用。新闻资讯 APP 应加强对本地服务性信息的推送，一条当地发生 5.0 级地震的消息，对于本地用户来说，甚至比美国大选结果出炉更能引起关注。立足本地新闻、服务本地用户，能够提高用户体验，增强用户黏性。同时，以本地推送为媒介，提供线上线下一条龙服务，一站式解决用户从资讯到消费的所有需求。在本地化的基础上，更进一步地提供场景化服务，针对不同场景推送不同内容，满足用户当时当地的需要，实现真正的服务。

3. 清晰认识个性化推荐

个性化推荐机制已成为各 APP 大力发展的对象。2010 年，无觅网推出个性化阅读端，却因业绩下滑，在 2013 年选择关闭，而就在同一年，今日头条却实现了 10 倍的增长，吸附了大批网民的注意，带来了新闻资讯行业的全面变革。

[32] 姜春林，王晓萍. 基于典型微信公众号的科普计量研究 [J]. 科技管理研究，2020，40（02）：252-261.

不可否认，个性化推荐已成为行业的大势所趋，也为用户提供了大量所需的内容，但它真的完美无缺吗？个性化推荐看似符合个人需求，实则是使新闻呈现更加狭窄，用户无法感知新事物，逐渐自我。最后导致"你的兴趣不是你所决定的，而是个性化推荐决定的"局面。同时，个性化推荐无法感知情绪与情感。如用户在 APP 内经常浏览某明星新闻，该用户很大可能是这位明星的粉丝，APP 便会经常向用户推送这位明星的相关内容，但由于机器没有办法判断文章的情感色彩，经常向用户推送带有负面评价的内容，这会严重伤害用户的体验，甚至招致卸载。APP 应对个性化推荐有清晰的认识，不要过度依赖个性化推荐，如果完全按照个性化来向用户推送内容，最后用户接收到的将是充斥着低俗、暴力、色情的大量垃圾内容。

第四节 "新媒体＋企业"运营策略

一、新媒体给企业发展带来的机遇与挑战

移动互联网时代的到来带来了信息飞速传播的新局面，在这一局面下，人人都可成为"自媒体"，这种媒体遍布的现状带来的信息影响力是惊人的，一件小事能够迅速蔓延至全国，同样，一个突发事件也可能波及整个行业[33]。

（一）新渠道出现为企业引进舆论

新媒体在很大程度上突破了时空的限制，传播方式更加多元，速度更快，范围也更广，这样的传播影响力极大地超越了传统媒体。以微博为例，其传播与事件第一现场同步，即时连线新闻的发生与发展，满足用户第一时间了解发展态势的诉求。

新媒体传播的即时性打通了企业与大众沟通的渠道，企业可以更快、更准确地收集公众的意愿、偏好、意见并进行分析，从而有针对性地调整公司发展战略。

（二）新媒体带来企业营销的新平台

传统营销方式中存在的传播壁垒因为新媒体的到来被突破，各种不同智能终端的丰富使得传播途径越发便捷，与公众的交流呈现出随时随地的特点，企业的信息能够方便地传递给公众，不同的平台也就成为企业树立品牌形象、维

---

[33] 刘小华，黄洪．互联网＋新媒体：全方位解读新媒体运营模式 [M]．北京：中国经济出版社，2016.

护品牌运营以及推广业务的广阔阵地。

企业营销推广的效果借助新媒体效果成倍增长，也许某个无意间的传播，就会形成一传十、十传百的效果，企业没有投入成本，效果却远远强于高成本的广告。因此，目前微博、微信、社交网站等已经成为企业的营销新渠道。

二、企业新媒体运营存在的问题

（一）企业新媒体缺乏用户思维

大多数企业新媒体是站在自己视角来运营内容的，基本推送的文章都是硬广或者软广，并没有站在用户的角度思考他们的需求，所以用户会果断取关[34]。

（二）企业新媒体内容平淡无趣

企业新媒体在内容上没有趣味，抓不住用户的心理。若自说自话地加大宣传推广，可能还会引起用户的反感。所以要在企宣和用户需求之间找平衡点。在为用户提供有趣、有用的高质量内容的基础上，适当地融入企业品牌。

（三）企业微信订阅号信息推送不规律

大部分企业会使用微信服务号，服务号每周推送一次，而且相对普通订阅号醒目，但推送没有固定的时间，不容易让用户产生惯性阅读，用户黏性较低，信息容易被淹没在其他推送之中。

（四）企业微博公众号信息更新速度慢

大部分企业微博日常更新较慢，只有新产品发布或者有线下活动时才频繁更新。这样会使微博活跃度降低，不能调动起粉丝的积极性，传播效果较差，达不到企业微博塑造企业形象，推广品牌的作用。

三、企业新媒体运营模式建构

（一）运营模式建构

高效的企业组织结构，才能减少企业资源浪费，增加资源重复利用，降低企业的运营成本。良好的企业组织结构，能够使市场信息最快速度反馈到决策层，决策层并迅速做出反应调整企业经营战略，保证企业高效运转。企业生产内容

---

[34] 夏雪峰. 全网营销：网络营销推广布局、运营与实战 [M]. 北京：电子工业出版社，2017.

和产品，通过各种渠道销售给用户，营销模式就显得至关重要。企业如何更好更多地把产品内容销售给用户是企业盈利的保证。企业所有经营活动的目的都是盈利，所有经营活动的都是为了获取利润而进行的，企业拥有多元化的盈利模式是获得更多利润的保障，盈利模式的高回报化同样也是企业盈利的前提。企业长效发展，离不开企业的未来发展策略，一个企业想要做大做好，就必须有相应的扩张策略，只有不断整合产业链，才能保持企业的竞争力。所以这四个方面是企业生存缺一不可的，并且相互制约相互影响。

（二）优化组织结构

1.广电类新媒体组织优化

广电类新媒体企业随着三网融合的推进，管理模式也向着企业化管理的方向前进，目前分类的管理模式不能有效地使各部门之间联系起来，造成了资源的大量浪费，很多内容资源并没有得到很好的整合和增值。一些内容资源又被多次重复利用，造成内容的大量重复。在未来的发展中，应该积极探索整合组织结构，把内容提供部作为专门的部门拿出来，针对不同的业务需求，在内容部门选择相应内容。

这样把内容制作归为一个部门管理，部门又分为不同类型的小部。广电类新媒体企业大致可以分为以下的事业部门。不管何种业务需要内容都从内容业务部获取内容。内容业务部主要负责内容的制作和管理，其他部门主要负责内容的编排和销售，这样就不会出现一个企业内部重复利用精力财力制作内容差异不大的内容。而主管业务的内容业务部门也会了解每个业务部门都获取了哪些内容，方便管理。

2.互联网类新媒体企业组织优化

互联网新媒体企业内部一直是企业化管理，盈利与否关系着企业每个人的生存和企业未来的发展，所以企业内部的管理模式是非常重要的。现存的互联网类新媒体企业，随着企业的不断扩张和发展，企业事业部越来越多，组织结构越来越复杂，多数就会存在市场信息反馈不及时，决策层下决策时不能符合市场趋势的发展，针对这个情况。互联网企业也应该采用海尔集团CEO"张瑞敏"先生提出的"人单合一双赢模式"，就是一线员工针对了解的市场用户需求，积极抓住市场机会。"人单合一"就是员工与订单的结合，在互联网企业，就是业务内容的销售和员工结合在一起。企业将企业目标分解到订单上，把订单包括的责任分给相关员工。最后管理部门通过评价员工订单的完成情况对员工进行绩效考核。

互联网企业的广告收入，就可以使用人单合一的模式，把特定客户群的特定广告分配给针对这个客户群的员工。这样不但企业能够全面了解市场需求，员工也能感到自己的责任感，对企业的发展尽自己的力量。这样的改革，即有效地利用了员工对新媒体市场需求的了解，节约了市场调查再决策的环节，节约了成本，是互联网企业管理模式的有效改革。

（三）创新多元盈利模式

1. 传统盈利模式的创新

盈利是任何企业发展的目的，如果一个企业没有持久有竞争力的盈利模式，那么企业的发展也必定受到限制。针对之前的分析可知新媒体行业的盈利模式主要以出售广告资源为主。出售广告资源是新媒体企业最主要的收入来源，也是新媒体企业未来发展不可丢弃的部分，有效地提高广告的用户接纳度会引起广告商的增加和广告价格的提升。出售广告资源是指企业有偿的提供广告空间和时间，无论是广电类依靠内容吸引用户的新媒体企业还是互联网新媒体企业都是通过内容吸引网民，提升点击率，从而获得商业企业的广告投放[35]。

新媒体广告的形式随着内容的丰富和新形式的不断出现而增加，新媒体广告已经逐渐成为主流广告媒体。用户在获取信息时对广告有很高的厌恶程度，如何利用广告这一传统有效提高收入的办法，会是新媒体企业在未来将要面临的问题。三网融合之前，互联网新媒体企业依靠广告有利地冲击了报纸杂志媒体、广播电视媒体的广告资源。三网融合之后，传统媒体越来越多的涉足于新媒体行业，未来又将在新媒体行业广告上分一杯羹，如何在未来的发展中，依旧依靠广告盈利，不仅要在广告的内容上进行改革，使广告不再是单纯的传统商业广告形式，而是改变广告的内容，使广告变成一段有趣的视频、一段吸引用户的小故事，甚至可以播放一段视频或动画让用户参与其中，猜猜看想要广告的商品或者是服务到底是什么。让广告变的多样又有趣味，不但能让用户更加容易的接受广告，并且让用户参与其中更能引起用户的兴趣和对产品或业务的关注程度。除了改变广告形式和内容，企业想要长远维持广告为其主要收入，就要做到针对用户，有效投放。传统商业广告的投放，大多数用户不能选择接受不接受，甚至有一些用户非常反感的广告弹出等影响用户放弃对业务的选择。这时就需要企业针对不同的细分受众群，有针对性的投放广告，投放广告不再是千篇一律，而是针对不同用户的不同需求或是潜在需求，使用户逐渐能够接受广告。对于广电类新媒体企业，针对前面提到的细分受众群体，针对性投放

[35] 曾来海. 新媒体概论[M]. 南京：南京师范大学出版社，2015.

广告。

比如之前提到的细分受众群体，年纪在 25～35 岁的男性受众，他们有差不多的教育背景、工作情况，那么针对他们和男性喜好方面，可以对其投放车辆、房地产广告或者和车辆、房地产、新闻类相关付费节目的广告。而对于互联网类新媒体企业，除了在细分受众群体投放广告以外，还可以利用用户在注册会员时填选自己可能感兴趣或者想关注的方面，之后当用户登录平台的时候，就有针对性地对用户投放广告，提高广告的接受率，又能更好地迎合用户需求。针对不同细分用户群投放广告不仅给新媒体企业留下更多用户的机会，而且给做广告的企业提高了用户的购买使用可能性，从而企业会更加信赖新媒体企业，提高新媒体企业的广告收入。

2. 创新盈利模式的发展

目前存在的创新盈利模式主要有出售企业提供的内容和服务——前向收费模式。新媒体企业有偿地提供内容产品，一直是新媒体企业试图产生盈利的重要方面，同时也是在不断探索的方式。新媒体一开始就是低门槛、免费给用户提供内容，现存的新媒体企业基本上都不能成功的通过出售内容来盈利。除了提供特殊专业性内容的网站通过在线资源单次使用和 VIP 包月等方式出售内容以外，大多数新媒体企业很难实现把同质化的内容拿来出售获取利润。广电类新媒体企业在 IPTV 等全新融合型业务上出售内容的形式和互联网类新媒体企业类似，都是通过包月购买 VIP 或者单次点播该内容，没有独特的内容吸引用户，内容更新换代太慢都会导致用户不愿意有偿的使用该业务。制约依靠内容来盈利的原因除了用户已经习惯通过互联网获取免费信息以外，还有一个原因就是对有偿内容的定价。随着版权费用越来越高，企业只能把高额的费用分摊到用户身上，势必内容的定价不会很低，而且行业内并没有达成共识，没有明确的界定对什么内容应该收费，这就导致用户在选择内容的时候，可能不了解一个企业的内容区别于其他企业在哪里，从而在价格上只会选择价格低或者免费的资源。拿电影来说，很多新媒体选择购买正版电影的播放权来吸引用户，如优酷等视频网站，给用户 10 分钟的体验时间，接下来的内容就要付费观看，费用也不等，有的 5 元，有的 3 元。但是太多网站使用盗版甚至偷拍的电影免费提供给用户，多数不太注重电影品质的用户就会选择免费质量低下的网站。

所以，想要新媒体从内容产品盈利，首先就要规范新媒体内容市场，完善的制度和严格的惩罚措施是保障新媒体企业内容的首要条件。其次，在内容产品的出售上，应该也采用多种方式，可以让用户灵活选择自己想要的方式，如果用户觉得包月太浪费，那么可以选择分时段、分内容或者部分付费。比如用户想要看付费电影，那么一类电影可以设置一个价格，又或者用户只想看这一类电影或者一部电影中的部分，那么也可以设置一个不同价格。在用户使用中，应该给用户分时段的付费服务，假设用户想在每天晚上8点到10点使用该网站的资源，或者用户想在这一周内使用该网站的资源，都应该有明确的价格区分。多元化的内容使用价格区分，给用户灵活选择使用内容的方式，企业也不再免费给用户提供内容，从而企业能够从内容上获得盈利。

3. 未来盈利模式的探索

未来新媒体企业的发展，盈利模式的探索应该从提供电子商务和提供增值服务入手。现在越来越多的新媒体企业具备了电子商务的功能，除了阿里巴巴这类专门提供电子商务的互联网企业之外，越来越多的新媒体企业也希望进军电子商务行业，提供电子商务的形式也越来越多，新媒体企业不再仅仅提供电子商务中介服务，通过为生产企业与消费者客户提供在线广告、信息、交易与支付的信息中介服务，然后收取一定的手续费，而且还延伸出更多新的方式。

随着三网融合的加深，广电新媒体企业也加入提供电子商务的大军中来，主要提供电子商务中介服务，比如上海百视通的IPTV业务，就拥有电视购物频道，用户只需要在观看电视的时候选择自己需要的产品，拨打屏幕上的电话，产品就可以送到用户手中。但是这种中介服务仅限于促成线下交易，在未来的发展中，让用户可以在电视上直接进行支付操作，不管是购买电视购物中的产品还是购买新媒体企业所提供的服务和业务，甚至是付费观看节目都直接在电视上进行支付操作，这样让很多不习惯预付费或者临时想使用某种业务的用户可以马上使用这种业务。未来广电企业的微支付功能可以拓展到手中遥控器的操作上，只需要按下遥控器上的键就可以轻松完成支付。互联网类的新媒体企业已经有较为成熟的电子商务系统，并且比广电类新媒体企业发展的早而好，这就需要互联网类新媒体企业在电子商务的发展上保持以往的形式并且寻找新的形式。

未来企业不能再局限于电脑端的电子商务，随着移动设备的发展，更多地把精力投入到移动设备中来。使得用户在购买业务时，通过移动设备和账户的关联，很便捷地进行支付操作。提供增值服务也是目前互联网用户大力拓展的盈利模式。关于增值服务目前还没有统一的定义，其核心内容是指根据客户需要，为客户提供的超出常规服务范围的服务，或者采用超出常规的服务方法提的服务。增值服务是指用户在使用某种业务时必须具有的某种虚拟产品，在未来新媒体企业的发展中，虚拟产品的需求会越来越大。广电企业可以通过IPTV业务中的娱乐性游戏开展，用户使用IPTV游戏时，可能需要某种特殊产品才能继续游戏，而这种特殊产品就是增值服务的内容。互联网企业很多都向游戏领域进军，利用好依附于游戏的虚拟增值产品也是未来多元化盈利的途径之一。还可以进行代收代付这种增值服务，在广电企业，用户使用电视时用实名登记，用户在电视上使用特定工具向特定平台发出信息即可完成购物的支付过程，比如用户可以通过遥控器直接购物，而企业收取一定的手续费。对于互联网新媒体企业同样可以对用户进行实名登记，使用手机短信购物，而平台商收取一定的费用。随着增值服务出现的多样化，增值服务已经逐渐并且在未来即将成为新媒体企业主要扩展的收入方式，未来新媒体企业想要吸引用户，必须在增值服务上下功夫，发展多样的增值服务，开辟新的收入方式，实现新的盈利增长点[36]。

（四）用户为导向的营销模式

1. 内容为王

三网融合的今天，不管是广电类新媒体企业还是互联网类新媒体企业，都面临着一个严峻的考验，那就是在低门槛的准入条件下，越来越多的企业出现在内容上的重合，如何在竞争激烈的格局下，成功的吸引用户并向用户出售产品服务成为企业的首要目标。三网融合后，随着新媒体互动性的逐渐增强，用户是潜在消费者，用户成为消费市场就成为一种趋势。用户不再只是增加点击率为企业吸引广告，更多的会参与到产品服务的消费中来。要想抓住用户消费，首先应该考虑的就是内容。内容是最基本的生存路径，只有内容有别于其他，才能留住和吸引新的用户，才能在新媒体行业中越走越远。抛开新媒体企业进入其他无关行业不谈，新媒体企业想要在新的市场竞争中保持原有的市场份额，首先要做的就是在内容上做到独特和足够吸引。很多新媒体企业都面临着亏损，最主要的最根本的原因就是内容的同质化程度太高，打开大部分门户网站、视频网站，呈现在用户眼前的都是差不多的内容和分类，这样不管实在现在还是未来，都将是新媒体企业发展的障碍。对于广电类新媒体企业，不管是新发展起来或是即将发展起来的，在内容上本身就具有很大的优势，自身拥有专业的制作团队、专业的编辑团队，就仅仅电视上播出的内容拿到新技术中都有很强的竞争力。但是，不管是拥有强大竞争力的 IPTV 第一家百视通还是拥有超高人气的湖南金鹰网，在内容上还是过多的和电视内容重复，很难找到亮点。用户不论是从企业门户网站还是从视频网站甚至从 IPTV 的节目库里看到的内容都是和电视本身的内容一样的，有些节目甚至仅仅是按照时间排序了一下，滚动播

---

　　[36]　谢媛，李本乾. 改革开放 40 年：西北地区传媒业的发展与突破之路 [J]. 甘肃社会科学，2018（05）：40-45.

放。把所有的现有节目，进行简单的分类然后整合后放进特定的频道并定期更新，就是所谓的节目库。这样的节目重复而且更新速度慢，很难吸引用户观看，更加不会吸引用户为其付费。三网融合后，给广电新媒体行业以充分的发展空间，本来就拥有较强内容资源的广电系统，在政策大力支持下，更应该把握好这个机遇，整合现有的内容资源，多元化的开发内容制作，真正的用实力吸引用户。在内容上，在原本就拥有的资源上进行一些有目的的整合是非常有效的吸引用户的方法。

比如最近很火的节目湖南卫视推出的《2020歌手当打之年》以收视率2.59%领跑群雄，并已经加冕2020年卫视综艺节目收视冠军。在电视上播出后，迎来用户的追捧热潮，湖南卫视应该趁热打铁，在视频库里即整合每期节目作为专题，还可以在节目库里加上每期节目的拍摄花絮，删减部分。

还可以进行一些衍生节目的推广，比如把和《2020歌手当打之年》节目相关的对导演、参加人员、工作人员等的采访等都放在这一个类目下面，观众打开节目库就能一目了然看到电视上可以看到的和电视上看不到的，有效利用了资源，整合了内容，成功地吸引了用户。对于互联网类的新媒体企业，原本在内容上就缺少优势，视频内容、新闻资源的版权问题一直是困扰互联网新媒体企业的主要问题。越来越多的互联网企业出现，就意味着越来越多的企业竞争为数不多的版权，版权的价格就会越来越高。很多企业采取联合购买版权的办法来获得内容，这就导致用户在浏览网页或者观看视频的时候会出现太多同质化的内容，使得本身资金雄厚的企业在版权问题上大占优势。影响互联网类新媒体企业发展的根本原因不应该是有没有像爱奇艺那样有百度支持、腾讯视频那样有腾讯集团支持，而应该是内容的差别上，引起用户的兴趣。同质化的内容太多，如何在同质化的内容中有差异化的内容，是互联网类新媒体企业在三网融合进程中和广电类新媒体竞争的首要关键点。不少企业推出自制节目内容吸引用户，逐渐向自制节目发展，节约购买版权的大量费用，用以其他推广。但是很明显在自制节目方面做得远远不足，想要抓住用户，浅显的为了取悦用户的节目是远远不够的，比如搜狐视频推出的新闻类节目《屌丝播报》还有自制剧《屌丝男士》，虽然在一定程度上吸引了部分用户，但是用户对其关注度的持久性不够，可能觉得新鲜好玩，几次之后，便缺乏了一定的吸引力。自制节目、自制剧必定是未来互联网类新媒体和广电类视频网站抗衡的重要法宝，但想要长期站得住脚、有竞争力，除了要加大对其的制作要求以外，还要不断地进行改革以适应用户的需求。想要长期的抓住用户，就要在内容上深入，要让用户对自己的产品产生依赖和每日的需求，就要加大内容的开发力度。除了要尽可能地扩大资料库以外，还应该对内容进行深入细致的挖掘。用户的需求不仅仅是知道今天发生了什么事，更希望知道这些事各方面都有何种看法和评论，对新闻、事件的深入挖掘是对内容的深入、虽然大部分门户网站对于新发生的大事件设置有专题，但是追究其内容都不够深入和细致。大多门户网站或者大型的视频网站，看起来资料库内容很多，其实除去同质化的内容和零散的内容以外，系统性的内容很少，使资料库变得丰富是吸引用户的好办法，但是把资料库变得更加完善和深刻才是留住用户的好办法。

2. 用户导向

三网融合后的发展趋势，对于新媒体企业营销模式的意见是加强细分用户群。想要把自己的产品推销出去，想要用户接受并积极的使用产品为产品买单是营销的重要方面。随着互联网市场的发展，增值服务越来越多的形式出现，虽然存在的形式多种多样，但是真正为企业创造收入的却很少，这是因为在营销上，做得不够全面。

像之前说到，仅仅把电视内容放进资料库或者把同质化的内容放进各自的资料库供所有用户选择是不够的。新媒体企业不管是广电类还是互联网类的，现在都在存在的业务都在一定程度上对受众进行了细分，但是粗略的细分并没有为企业带来大量的收入增加，相反，细分增大了工作量却没有收到应有的回报。广电类新媒体企业的发展，不管是在互动电视还是在 IPTV，细分受众，针对不同的受众群体进行节目的分类是非常有必要的。

现在很多企业都已经开始行动，比如百视通的 IPTV 业务，就探索用户细分，把频道按照用户的不同类型分为很多个频道供用户选择。虽然有这些分类，但是不难看出这些分类化只是按照基础的简单分类进行的。对用户，可以采用听取用户意见、积极调查用户的反馈，在基本分类上争取做到再细化，这样不但用户的黏性会增加，用户自身也会觉得有很大的存在感。同时把细分了受众的节目或者频道放在不同的播出渠道，不管用户从电视或者从网站获取信息都能收到很好的效果。用户觉得自己受到重视，就会关注其动态改变。如果大量从用户体验中获取意见，不但可以帮助企业有效地进行用户细分，也可以增加用户体验的参与度，更多的用户参与到对新业务的体验中，就会有更多的潜在客户购买新业务，对企业的盈利也起到积极的作用。

如果参与的用户过多，收集用户的意见和整理用户五花八门的意见就会变得异常的烦琐，大大增加了工作人员的工作量，那么可以采用问卷形式。采用问卷发放奖励形式调查使用新业务的用户的基本情况，了解用户的教育背景、工作背景、大致家庭背景、平时获取信息的渠道、获取信息的内容以及对新业务可能接受程度和希望从新业务中获取信息，从而推断用户可能会渴望获得新知识的程度、渴望获得哪些方面的新知识，从而对内容进行整合，针对不同类型用户投放不同内容。

比如，IPTV 用户，由于是互动性较强的电视业务，对于年轻用户来说容易掌握其使用方法，对于年纪相对较大的用户学会其使用方法需要一个过程，但是年轻用户获得信息的渠道比年纪相对较大的用户获得信息的渠道多，年纪较大的用户又对电视的黏性比年轻用户大[37]。那么在回收问卷后，就应该把年纪较大用户和年轻用户分别开来，把两类用户中教育背景、工作背景以及希望获取的信息的类型归类综合起来，进行受众细分，针对分类调整节目频道和内容。

假设在回收的问卷中，分出年纪在 25 ～ 35 岁的男性受众，教育程度均在本科或以上，有相对稳定的工作，每天除了获取新闻等大事件的内容外，还通过各种渠道了解新鲜、热门的事件，那么就可以把频道设置为不仅只有每日新闻还包括新鲜热门事件汇总的频道；如果年纪在 25 ～ 35 岁的女性受众，教育程度也都在本科或以上，有相对稳定工作，多数已婚，那么女性受众每天获取的信息，除了新鲜热门的八卦事件以外、还可能关心育儿、衣食住行，那么对于这部分受众，女性频道仅仅包含穿衣时尚是远远不够的，还应该包括生活各个方面的信息。

互联网类新媒体企业，在未来的发展中也需要对受众进行进一步的细分，虽然现存的网站涵盖了生活的各个方面，但是对于受众的细分不够细致，仅限于喜欢看英超的球迷，网站就提供英超专区供球迷选择，但是对于球迷的深入需求，可能并没有考虑到。

比如，有的球迷可能错过了比赛，虽然随时随地能看到比赛过程和比赛精彩回放，但是随处可见的比赛结果让有些球迷失去了当时身临其境的感觉，这时就应该把比赛和精彩回放分别放在两个区域，想最快知道结果的球迷，进入另外一个区域就可以看到结果；想完整感受比赛的球迷也可以在这个区域不被结果影响的观看整场比赛。

在内容大爆炸的今天，想要抓住用户，整理好内容有目的地让用户接触他们想接触的信息，而过滤掉他们不想获取的信息是非常难的事，用户群体规模宏大，每一个用户的需求都不同，不能满足每一个用户的个别需求，那么就应该找到不同用户之间的共性，针对他们的共性为他们提供服务。互联网企业细分受众的方法可以和广电类新媒体一样，发放有偿问卷来了解用户的特性，针对用户进行进一步细分。只有真正了解用户的需求，尽量满足用户的需求，企业才能越走越远。

---

[37] 习哲馨. 电子银行业务营销技巧与案例分析 [M]. 北京：清华大学出版社，2012.

（五）优化产业链的扩张模式

随着三网融合的不断推进，对新媒体企业的发展提出了新的要求。不管是哪类新媒体企业，在三网融合的大环境下，要了解融合不单是指技术上三网的融合，更多的应该意识到在内容和形式上也要融合发展。只有在内容和技术上都进行了融合，才能真正地完成三网融合。广电系统积极发展新媒体业务，从多方面进行融合，传统互联网新媒体企业也不甘示弱，也从不同方面对资源进行整合以适应发展。

1. 整合产业链上下游

整合产业链上下游是指在整个产业链上对处于前端的上游设备、内容、增值服务，下游销售等加大业务、资金方面的扶持力度，及时将市场需求传递到产业链的上下游，参与产品的研发，最大化的推动产业链的成熟。对广电类新媒体企业，由于对各地广电网络没有统一的技术标准，对于融合三网融合产业链的上游设备厂家是一个挑战。

如何整合产业链上游成为未来发展中的新方向。加强与上游设备厂家的合作是整合产业链上游的好方法，如果给厂商提供捆绑式销售模式，如百视通IPTV推广中，用户安装机顶盒，那么就可以获得IPTV的一些业务体验，或者购买IPTV一些业务，就可以获得免费安装机顶盒。把产业链上游设备和业务内容的销售联系在一起，有效地提高了双方的合作性和依赖性，也有效地提高了用户的使用性。对于下游销售业务也应该采用加强合作的形式，可以把业务销售同其他专业销售公司联合，就像传统广电系统把广告作为一个独立的部分分包给外部的广告公司进行销售，每年从广告额中分红或者直接招标的形式承包给其他公司进行操作。在新媒体业务中，广电系统也可以把业务和产品的推广分给其他专业的销售公司进行。这样可以减轻广电类新媒体企业的业务压力，使得专业的人员都专攻于专业领域而不会因为自身的业务销售任务带来的压力降低专业性。

针对互联网新媒体企业，由于自身拥有技术支持，而获取信息和内容的渠道也是日常使用的手机、电脑，所以互联网类新媒体企业在整合产业链的时候，应该把整合的重点放在对上游内容提供商的整合。版权费用已经越来越多地占据互联网新媒体企业的总体开支，越来越高的版权费要求企业加强甚至参与内容提供商对内容的开发，从而降低可能预付的版权费用甚至可能创收。

比如，视频网站开展与电影拍摄商的合作，从电影开始拍摄就参与其中，作为一种内容投资，不但能第一时间掌握播放电影的版权，而且还可以把播出版权转手卖给其他企业，还能在电影上映期间和拍摄方分享票房，更能在拍摄中挖掘直接购买播放版权所不能得到的新闻和信息，加强对电影的宣传，从一开始就通过电影拍摄的细节和进程吸引用户。整合上游内容提供商，不但能够节约购买版权所花的费用，而且还可能创造新的收入增长点。

2.加深媒体合作和跨媒体合作

针对新媒体产业内部，互联网类新媒体企业可以进行同质企业的融合合并来优化资源配置，为了企业未来的发展，可以在产业内部进行合理的资源优化，可以像优酷土豆那样，把本来占市场份额较多的两个企业合并，强强联合，整合资源，降低在行业间的竞争，提升企业自身的竞争力和市场份额。也可以采取合并市场份额相对较小，却在某一方面有特别优势的企业来增加企业的整体优势。

比如同样是内容提供网站，有的企业拥有强大的用户上传资料系统，有的企业拥有强大的论坛平台，有的企业则拥有较强的技术支持，那么如果三者如果进行融合，相互取长补短，新的企业就会拥有三方面的优势，在激烈的市场竞争中才能立于不败之地。三网融合提出的宗旨就是电信网、互联网、广电网三种不同产业之间的融合。新媒体企业未来的发展，必定是融合不同产业的发展，各类新媒体企业也在努力向这一方向努力。

未来加强互联网新媒体企业和广电新媒体企业的合作，是三网融合的必然趋势。广电类新媒体企业虽然已经接触并逐渐掌握新媒体技术，但相对于本来就依靠互联网技术发展起来的互联网新媒体企业，技术的掌握程度远远不及，在技术上还需要花大量的人力、物力、财力来进行学习和掌握。相反，广电类新媒体企业有传统广电系统支持，有强大的内容支撑，而互联网类新媒体企业的内容方面一直是困扰和阻碍企业发展增加收入的障碍。二者如果深入合作，便可以取长补短，把广电类新媒体的内容和互联网类新媒体进行分享，又可以把互联网技术平台加以分享和利用。广电类把时间精力集中在内容的制作和生成上，互联网类企业把资源集中在平台的搭建上，使得二者都能够有效的整合现有资源，使得利润达到最大化。

四、提升企业新媒体运营效果的策略——以海尔企业为例

海尔企业新媒体是目前做得较好的企业新媒体，具有一定代表性，所以在此以海尔为例，分析其运营对策。通过对海尔新媒体运营的研究，目的是找到提升企业新媒体运营效果的措施。

（一）全员营销

社会化媒体营销不仅仅是企宣部门的工作，上到企业的领导，下到普通职员都应该在网络上开设账号，形成企业社会化媒体矩阵，各种不同力量共同作用才能达到好的营销效果，尤其是打造管理者的网络形象，能起到事半功倍的成效，比如：马云、董明珠等。其次，企业的每一个成员，在社会化媒体中的一言一行，甚至现实世界的一言一行，都可能直接影响企业的形象与口碑。一时的不慎言行，很可能会由于社会化媒体的传播而演化为危机。

（二）扩宽运营思路

1. 将自己的官微当成开放广告位

别人家的官微都在不遗余力地给自家发软文打广告，本着开放共享的平台战略，海尔官微采取反向思维，把自己的官微当成开放广告位，为别家企业推送信息，成为企业官微中的关注焦点。

2. 主动减粉

别人家的官微都绞尽脑汁在涨粉，海尔是第一家主动减粉的官微，确切地说是为了甄别、选拔优质粉丝，这样可以使信息更精准、有效地传达到忠实用户那里，提高用户黏性，实现更好的互动。

3. 开放微博小尾巴

别人家的官微发微博尽量用自家手机或隐藏微博露出的发送标志，海尔官微开放微博小尾巴，给魅族、ZUK、VIVO等手机做公开广告，赢得这些官微的好感，互相形成良好互动。

4. "招安"高仿号

别人家的官微都在严厉打击高仿山寨的官微号，避免不必要的麻烦，而山寨海尔官微头像，冒充海尔官微抢热门真假难辨，海尔发了一条微博招安高仿号，并承诺给高仿号发工资，这样既避免了高仿号发布不利于企业形象的内容，同时也满足了高仿号的需求。

（三）依靠网络社交关系平台

企业可以通过社会化媒体，比如微博、微信，来进行营销活动。社会化媒体营销更多地借助网民的力量，理想的社会化媒体营销，是将网民的自发感受变成口碑传播的基础[38]。社会化媒体平台的另一个价值，是可以把分散的用户力量集结起来，使用户参与到企业的活动中，成为企业和产品成长过程中的一分子，比如以论坛的形式组建企业产品的粉丝群体，在产品生产全程中与粉丝进行交流互动。

（四）与用户"零距离对话"

社会化媒体营销的"对话"思维意味着，通过对用户近距离的洞察，与用户形成朋友式的社交关系。企业和用户两者的关系是灵活的交流关系，这种对话不是以宣传企业或者产品为中心的，而是跟用户之间形成走心的交流方式，以此来打动用户，将用户卷入其中。海尔除了维护日常的官微内容，还常常与微博红人、明星、粉丝进行互动，多以幽默诙谐的语言、朋友般的口吻来调侃网络热点。

总之，企业新媒体运营应把握用户思维、掌握新媒体传播特色，这样才能保持企业新媒体的活力，达到企业传播、营销的效果。

---

[38] 彭兰. 从依赖"传媒"到依赖"人媒"——社会化媒体时代的营销变革 [J]. 杭州师范大学学报（社会科学版），2015，37（05）：105-110.

第六章　新媒体时代传统媒体的战略转型

　　新媒体时代的显著特征表现为信息量空前巨大，受传双方互动性增强，信息传播速度快、范围广、便捷性和实效性强。在这样的背景下，传统媒体面临的困局主要表现为市场利润下降、转型比较困难、优秀人才流失。需要有针对性地采取改进对策：注重与新媒体整合，优化重组，充实传播内容，注重人才战略，并创新经营管理方式，突破体制束缚。本章分为新媒体时代传统媒体的战略转型和大数据时代传统媒体的创新与变革两部分。主要内容包括：传统媒体的价值构成、新媒体时代传统媒体的困局、国内外传统媒体转型的探索、传统纸媒发展态势的进一步分析等方面。

第一节　新媒体时代传统媒体的战略转型

一、传统媒体的价值构成

　　价值（Value）作为一种哲学范畴，表明的是客体事物满足主体需要的一种属性。价值是对事物存在理由的根本追问，对于社会存在物的媒体也不例外。价值存在于主客体关系之中，具有多元性、动态发展性和可转移性。以广播电视和报纸杂志为代表的传统媒体，在人类社会中扮演了重要角色。传统媒体的价值也具有多样性：对于受众而言，它具有传播价值；对于媒体而言，它具有商业价值；对于社会而言，它具有一定的社会价值。

（一）传播价值

　　传统媒体的传播价值，是指传统媒体在传播社会信息方面所独有的功能和地位。传统媒体的传播价值，首先体现在推动社会信息系统的运行上。根据新闻的定义，新闻是新近发生的事实的报道。由此可见，事实并不等于新闻，新闻事实要达到受众，中间还必须经过媒体的传播过程[39]。事实作为客观存在的事物，它必须要经过媒体的选择和加工，才能以新闻的形态到达受众手中。

在大众媒体出现以前，信息的传播并不流畅，埃德温·埃默里指出，19世界30年代以前，报纸的发行量和发行范围都很小，此时的报纸很难被称为大众传媒，更提不上促进信息的自由传播。德弗勒指出，美国1910年报纸发行量达到了2 421万份，平均每户达到了1.36份，达到了饱和点。此时的报纸内容以新闻信息为主，发行量大，读者面广，而且实现了由"观点纸"到"新闻纸"的转变，成了真正意义上的大众传媒。

传播信息是媒体的本质功能，传播价值也是媒体的固有属性。劳动创造了语言，可由于时空的限制，口语传播远远不能满足人类的信息需求，印刷传播和电子传播时代的到来改变了这一状况，各类媒体的出现使得信息得以广泛传播，从而进一步使知识得以发展，文明得以进步。

传统媒体的传播价值，其次体现在推动人类发展和文明进步上。媒体是人类了解世界的一个重要途径，纵观整个人类历史，正是媒体的存在，才推动了人类社会的发展。

美国传播学家哈特把媒介分为三类：示现、再现以及机械媒介系统，这三个系统反映了人类传播手段不断完善以及体外化信息不断丰富的过程，正是由于传播媒介的不断发展，人类才得以进入信息社会，信息成为一种巨大生产力。

技术的不断进步显著提高了媒体的传播力，霍克海默和阿多诺直接指出"技术上的合理性，就是统治的合理性本身"。根据现在的推算，当前人类社会信息量实现倍增，仅需几年时间。人类信息总量正在急剧增加，信息爆炸正在全面重构人类的社会结构和形态，并将迎来一个全新的信息社会。

（二）社会价值

传统媒体是大众传播必不可少的环节。传播价值是传统媒体的根本价值，而传统媒体在实现大众传播的同时，也会衍生出许多社会价值。

传统媒体最重要的社会价值是舆论监督和社会协调。1902年，梁启超提出报纸具有两个本职使命：一是社会监督，二是国民导向。由此可见，国人较早就已认识到了媒体具有重要的社会价值。国外的研究则相对系统：莱特1959年提出了媒体的四大社会价值：①环境监视；②解释与规定；③社会化功能；④提供娱乐。

拉扎斯菲尔德和默顿从社会地位赋予、社会规范强制和负面麻醉作用等方

---

[39] 陈苗．从叙事学角度探索党报经济新闻发展方向[J]．中国记者，2013（02）：84-85．

面提出一些观念,对媒体的社会价值进行了深化和延伸。由此可见,大众传媒在沟通和协调社会秩序方面具有重要价值。

从社会历史角度来看,媒体的最大价值在于其社会价值。媒体通过对各种进步思想的传播,极大程度上推动了人类社会的历史进程。媒体所传播的信息不是零散和无组织的,相反,它恰恰是一个有机整体——舆论。法国学者塔尔德指出,报刊造就了公众,并将社会上分散的意见加以整合,从而形成了舆论。他认为,只有代表公众意见的舆论才具有正当性和合理性。学者库利则直接指出"印刷意味着民主",他认为舆论是有组织的群体和公共意识,这些意识的成长是与媒体直接相联系的,媒体的重要社会价值在于促进了"各国、各民族和阶层间的共同的人性和道德的发展"。

每一次传播革命都在很大程度上推动着社会历史的进程,从印刷媒介再到现代的电子媒体,社会的进步与媒体的发展密切相关。施拉姆认为媒体为普通民众提供了政治参与的途径,并高度概括了媒体在推动社会进步中的巨大作用。

媒体不仅传播信息,它本身也是一种信息。麦克卢汉提出了两个著名的观点:"媒介即讯息"以及"媒介是人的延伸"[40]。媒介即讯息观点是对媒体信息功能的高度概括,其认为媒体的价值不在于传递具体的信息,媒体本身也是具有价值的讯息。从社会历史领域来看,人类只有拥有了某种媒体,才能进行与之相应的传播和社会活动。因此,媒体的社会价值在于它所开创的可能性以及社会变革。在"媒介即讯息"观点的基础上,麦克卢汉进一步提出了"媒介是人的延伸"观点,他认为传播媒介拓展了人类的感知能力,使人类对环境具有巨大的能动作用,强化了人类对事物的深入认识。麦克卢汉从媒体技术的角度出发强调了媒体的社会历史价值,事实也证明了媒体具有推动社会进步和变革的巨大力量。

(三)商业价值

商业价值是传统媒体存在和发展的基础,传统媒体想要实现传播价值和社会价值,必须先有一定的商业价值。

1931年,李普曼提出了媒体发展的三个必经阶段:政府垄断阶段、政党控制阶段和自主经营阶段[41]。这三个阶段是媒体从依附走向自主的发展过程,也是从无商业价值走向有商业价值的过程。谋求商业盈利是传统媒体发展的核心驱动力。为了维持生存和发展,传统媒体在提供社会服务的同时,也会积极进

[40] 王玉珠,唐潇. 发挥新媒体功能　塑造新校园文化——高校校园文化建设的策略[J]. 新闻窗,2013(03):16-17.

[41] 汪淼. 传播研究的心理学传统[M]. 桂林:广西师范大学出版社,2014.

行产业化经营。国外的《太阳报》、国内的《申报》等，都是传统媒体产业化经营的典型。而到了现代社会，由于运营不善经济亏损而关停的传统媒体比比皆是，也从侧面印证了商业价值是传统媒体最核心的价值之一。

由于传媒市场的多元属性，传统媒体的盈利方式也不尽一致，大致可分为三种：①通过信息的提供获得用户，并进而转化为广告收入；②提供有偿的媒介产品和信息服务；③开展多种经营，如从事汽车、房地产等经营活动，拓展盈利来源。传媒媒体的商业价值，直接体现在传统媒体的商业盈利能力上。在我国，媒体作为社会主义市场经济的重要组成部分，传媒产业也在不断发展壮大。2016 年，我国传媒产业总规模达 16 078.1 亿元人民币，并在 2018 年突破20 000 亿元。传统媒体的商业价值，其次还体现在带动其他产业发展上。在发行亏损和广告下降的情况下，发展文化产业和开展多种经营已经成为现代媒体的重要选择。

二、新媒体与传统媒体的比较

日本学者水越伸说："旧有媒体必然含有主导新媒体发展方向的隐性因素"[42]。从这不难看出，新媒体与旧媒体（传统媒体）之间并不是毫不相关的绝对关系，而是相辅相成，始终伴随的关系，直至旧媒体（传统媒体）不再适应社会发展被抛弃。在媒介发展史上随处可以看到新旧媒体之间的博弈。旧媒体（传统媒体）只有足够的量变积累产生质变才能适应新媒体带来的冲击。新媒体的飞速发展和快速的渗透力给社会的经济、文化、政治等各方各面都带来了深刻的影响，而这一切的变化都是新媒体有别于传统媒体的差异和特征，使得它能够在互联网社会抓住受众的眼球，引起广泛的重视。

（一）传播界限的模糊化

在传统媒体的传播环境下，信息的传播主要是通过媒体向受众的单向传播，缺少互动性，而新媒体的产生之后，以传统媒体为主导的传播方式被打破，演变成了互动传播以及流通传播方式，崇尚所有人传播给所有人。

在新媒体时代，信息的传播中不再是传播者强制的灌输给受众，受众被动的被接受这样一个主体与客体分明的关系，而是人人都是主体，人人都是传播者，传播者与受众之间平等的传播信息。如果运用现有的新媒体技术，还可以做到信息的即时传播与交流[43]。

[42] 袁峤.""牵手"同行：略论新旧媒体融合之道 [J]. 传媒观察，2015（08）：18-19.
[43] 周小华，等. 基于新媒体技术的马克思主义传播 [M]. 北京：国家行政学院出版社，2012.

（二）传播来源的多元化

在新媒体传播的条件下，受众的习惯和选择也发生了巨大的变化。首先是传播者和信息来源呈现多元化的趋势，以往的传统媒体传播者往往是记者、编辑等专业人员，信息来源也主要依赖这些专业人员，而新媒体的产生使得社会上每一个人都能够成为信息的来源，也成为信息的传播者。其次是传播内容的多元化，网络和手机新媒体的应用，影响着传播内容向着更加融合的方式转变，更多地以文字、图片、影像等相结合的方式，从单纯的一元化向多元化转变。

（三）传播范围的全球化

在传统媒体的形势下，原有的传播范围具有一定的局限性，往往是收看电视的一部分人，看报纸的一小部分人抑或者是一个城镇的人。而新媒体的技术发展则打破了这一局限，使得信息的传播由区域化面向了全球化。新媒体作为一种时尚产品，越来越多地受到人们的喜爱和不可或缺，它给所有新媒体的使用者提供了不可想象的平台和机会得到全球的关注。

（四）传播内容的复杂化

以 2011 年 6 月 21 日发生的"郭美美事件"为引。一个微博上自称是中国红十字会商业总经理的炫富少女，引发了中国慈善了信任风暴，使得中国红十字会陷入了信任危机。由于新媒体相对于传统媒体缺少了可确定性和可预测性，使得新媒体的传播变得复杂化。虚假信息、行业规范不健全、道德环境不成熟以及监督机制的缺失，新媒体的传播内容和传播方式变得极为复杂。

三、新媒体时代传统媒体的战略转型措施

（一）改革传媒体制

媒体的发展同样也离不开改革，一种流行的认知是：当前文化市场上百花齐放：好莱坞电影、日本动漫、韩剧都有自己的一席之地，反观中国，却迟迟未发挥出文化大国该有的国际影响。探究原因，根本性在于体制跟不上产业发展步伐。结合实践，给体制改革增加动力。

传媒体制与社会体制、经济体制、文化体制的变革关系紧密，因此在对传媒体制进行改革时，要综合考虑到具体的市场情况，实事求是地制定政策。改革过程中不仅要从理论出发，多多吸收中外改革理论成果，也要对经济环境、自然、认为环境多做调研，力求形成在科学的管理体制、有竞争力的生产经营机制。

1.发展新媒体的人才战略

由于传媒产品是内容产业，内容产业的核心竞争力是人，人的智慧。优秀的人才能有所创造，做出优秀的作品，得到受众注意，甚至能凭借独特性，将作品发展成一个独特的、完整的产业圈，创造出更多价值。而一旦从业者的创新力不足，由于缺乏创新力，只能盲目模仿。所以，对于富有创造力人才的需求很大。发展的核心是人才，人才是媒体发展的最重要的推动力，是在新媒体时代下激烈竞争中杀出重围最核心的竞争杀手锏。

对于创新型人才的培养，首先，企业要营造一个良好的创意氛围，创意类人才大多有自己鲜明的个人特色、热爱自由、更重视自我价值的实现。对于这些创意人才的管理要更具备人性化，比如说用相对宽松的工作纪律等来激发他们的动力。其次，在创意过程中，给予一定的支持进行创意保护。最后，管理者要有胸怀有胆量，敢于给还尚在成长期的年轻人提供公平、宽松的发展环境。

由于新媒体的超媒体性，传媒产业要实现产业结构优化升级，必然要求从业人员拥有"全媒体视野"，能适应多种"媒介融合"方式。因此，需要招纳、培养拥有复合型特点的传媒新型人才，对于目前业内来说，对于拥有以上要求的人才需求非常大。提到全媒体人才的培养，教育机构和企业作为主体来进行培养是关键。这一点需要传统媒体行业学界、业界给予更多的关注和重视。

在过去，作为一个传统媒体内的负责人，只需要对内容负责、对顶头上司负责，而新媒体时代背景下，做好内容工作需要有互联网思维，都需要紧紧抓住受众心理，根据大数据牢牢掌控综合走向，从网络舆情走向来决定整体推广策略、运营方法，对内容资源进行最充分的利用与推广，通过各种各样新媒体方式与途径，来表达对于观众、粉丝的尊重和重视，以受众为中心，做好关系维护至关重要。

2.结合实践给体制改革增加动力

传媒体制与社会体制、经济体制、文化体制的变革关系紧密，因此在对传媒体制进行改革时，要综合考虑到具体的市场情况，实事求是地制定政策。改革过程中不仅要从理论出发，多多吸收中外改革理论成果，也要对经济环境、自然、人文环境多做调研，力求形成在科学的管理体制、有竞争力的生产经营机制。

（二）优化产业结构

1.改变产业结构

国外的传媒企业，广告收入仅占收入三成，收入来源主要是收视费、衍生产业收入。我国传媒业收入构成是这样：冠名、广告、销售等的主体费用。目前广告竞争状况激烈，而衍生产业发展滞后。传媒要发展，须改变传统的盈利方式，改变产业结构。

2.特色竞争战略

新媒体时代，传媒存在着行业竞争。媒体产业的差异化经营方式有三种，包括进行独特的内容制作、受众分析以及媒体自我经营。

（1）是内容制作。

抄袭现象在中国之多，令人咋舌。以电视为例，湖南广电是不少流行现象的始作俑者，但也因此饱受以此带来的诟病：节目竞争激烈、后期收视乏力。新媒体背景下，湖南传媒要致力于做专业频道、做个性栏目、做精品节目，来获取竞争优势。湖南卫视一直在努力探求创新，从提出"快乐中国"主题到不断创新的各种选秀，湖南广电创新之路一直是敢为人先，但是，多部电视"雷"剧的播出也暴露出过于娱乐化、缺乏文化内涵的短板。

（2）是做有针对性的受众分析。

我国的传媒产业基本上都是大众路子，内容生产都围绕所有受众而来，新媒体时代的来临，消费偏好趋于"碎片化"，开始做有针对性的受众分析。

（3）媒体的自我经营。

随着新媒体如雨后春笋般涌现，传播技术得到发展。仅仅在电影行业，目前就有2d、3d、4d、5d等多种播放形式。尽管技术水平仍有上升空间，新的媒体产品已经让人看到未来。传统广电业要明白如何来实现价值，通过何种方式，来在新媒体背景下给出有辨识度的独特成果，给自身品牌增值，这样广播电视媒体才能在竞争中获得不败之地。

（三）树立多元化经营理念

现在国内的传统媒体的主流经营模式主要是围绕广告收入来维持盈利，通过内容传播提升电视收视率、广播收听率、报刊订阅量来获取受众关注，进而打包受众的注意力卖给广告主获益。由于不同媒体的品牌影响力差异，广告盈利也相应存在高低之别，比如某品牌汽车广告在《南方周末》和《安徽商报》的相同版面位置投放广告的费用绝对是不可等量齐观的。即使是同一媒体内部的不同栏目,比如湖南卫视《天天向上》和《我是歌手》的冠名费也是不同的,2015年湖南卫视《我是歌手》第三季的冠名费甚至达到有3亿。对于位列传统媒体一线阵营的湖南卫视、江苏卫视、浙江卫视、南方周末、财经等媒体,年度广告收入是二线、三线传媒望尘莫及的。

单纯依靠专业严谨的内容生产提升媒体影响力来获益,这种经营方式依然是"单点式",这种单点式经营在某个阶段会达到"饱和点"后,对传统媒体的深远发展会产生制约。所以传统媒体要转变经营策略,首先要从改变单纯依靠广告收入着手,整合媒介平台资源,有选择有重点地开展多元化经营,重视延伸媒体产业链。

1. 跨媒介平台整合经营

对于主要依靠广告盈利的传统媒体而言,由于地域性因素和版面、时段资源限制,要提高广告收入需要传统媒体融合互联网平台资源,按照不同媒介受众人群定位,组合策划广告的投放策略。另外,传统媒体还可以整合自身内容资源,利用互联网技术平台资源,开发信息咨询业务、舆情监测业务等。如人民日报旗下的人民网舆情监测室定期编写行业舆情报告,并为众多中央或者地方党政机关以及大中型企业和社会团体等提供热点舆情事件咨询应对等顾问服务。

2. 跨行业多元经营

传统媒体的优势在于内容生产传播,多数传统媒体对于内容传播形成的品牌资源和平台资源利用率较低,传统媒体若能利用这些资源去开展更多的非新闻传播类产业经营,能使平台资源产生巨大增值。目前在开展跨行业多元化经营方面做得比较成功的当属湖南电视台。2004年5月,湖南广播影视集团依托于自身的优势资源建立由湖南电视台娱乐频道全资控股的上海天娱传媒有限公司,天娱传媒公司借助湖南电视台娱乐节目制作和娱乐媒体运营优势资源,推进包括唱片发行;娱乐活动策划,如超级女声、快乐男声选秀活动;各类演出策划;艺人经纪,通过超级女声、快乐男声、偶像练习生、创造营等选秀活动,培养并签约一批艺人;影视节目制作与发行,推出《一起来看流星雨》《淑女之家》《胜女的代价2》《新神雕侠侣》等偶像剧;新媒体内容制作,如快乐女声系列青春微电影《在一起》《我愿意》等,推进多个领域整合经营。

（四）生产专业严谨的内容

在当下互联网极具竞争力的挑战下,传统媒体还能维持其主流媒体的地位,表明传统媒体的某些传播优势并没有因为互联网的崛起就全然坍塌，因而当下延伸互联网思维来谋求传统媒体转型时，首要的还是要回归媒介独立性，深挖不同类型媒介自身的竞争优势。新闻价值一般可以从两个层次来理解："一个层次就是作为选择标准的新闻价值，即新闻传播者对于新闻事实和素材进行选择和把关时所采用的判断标准和尺度"，即为"尺度性新闻价值"，主要包括时效性、重要性、显著性、接近性以及趣味性等五要素；"另一个层次就是作为社会功能的新闻价值，也就是新闻传播活动和事业对于整个人类与社会的有用性"，即为"功能性新闻价值"。关于互联网时代传统媒体新闻生产的"尺度性新闻价值"。首先，丧失时效性优势。当下，互联网即时便捷传播技术的发展让传统媒体垄断控制信息生产传播渠道的时代终结。人们可以通过微博、微信等客户端组建自媒体信息发布平台，让传统媒体丧失了时效性优势，尤其是在突发性事件报道中，社会化媒体的第一时间发布优势非常明显。其次，接近性和趣味性优势不甚明显。传统媒体受限于每日的新闻版面时段，具有接近性和趣味性的新闻远没有通过互联网终端获取的信息量庞大，此外传统媒体的多数本地新闻或者趣味性新闻甚至是从互联网平台获取，然后重新编辑播出。因而，传统媒体新闻生产的"尺度性新闻价值"在于新闻的重要性和显著性。

关于传统媒体新闻生产的"功能性新闻价值"，大众传媒一般具有环境监测、社会联系和协调、社会遗产传承、提供娱乐等社会功能。如今，处于社会转型阶段，国有企业改革、政府行政管理体制改革、医疗卫生事业发展、教育体制改革、经济发展模式转型、生态文明和美丽中国建设、城乡一体化进程等不同领域的社会问题层出不穷。这些纷繁复杂的社会问题亟须整合专业力量共同探讨解决。在互联网浩如烟海的信息浪潮中，信息消费者虽然能接触到庞大的信息，但是他们无法处理这庞大的信息，需要寻求专业的新闻媒体筛选、解读、研判信息。传统媒体若能体察社会需求，以专业严谨的分析向受众呈现所需内容自然能够获得信息消费者的信赖，成为"舆论领袖"和"权力中心"。

2015年3月18日左右，一则关于新加坡总理李光耀逝世的消息在网上疯狂传播。这则消息来源于一个新加坡总理公署网站发布的关于李光耀逝世的声明的截屏。这则假新闻显示了传统媒体的优势所在：相较于互联网媒体在传播中的快速、便捷，挥霍公众的信任，传统媒体在信息生产传播中还是具有天然优势的——专业严谨的内容生产。

无论技术如何让人眼花缭乱、如何迭代更新，人们想要了解这个世界的最朴素的渴望和需求总是不变的，这也是传媒应运而生的重要原因。《经济学人》杂志的成功表明即使在当下这样习惯于免费获取信息的互联网时代，人们也愿意为有价值的内容付费。

调查公司尼尔森此前做过一个涉及 52 个国家 2.7 万人的调查，其中有一项提问就是受访者是否愿意为网上的内容付费，"71％的回复者表示付费内容的质量必须要比免费内容的质量高得多，他们才会付费"，换言之，信息消费者只愿为有价值的信息付费，他们在付费时会衡量该信息媒介所提供的信息是否物有所值。

就像是喂鱼，如果投掷鱼群感兴趣的鱼食，鱼群会持续蜂拥而至，即使一开始投食时，只有一条鱼吃到，但是鱼群之间的信息传递就如俗称的"口碑效应"，使得其他鱼群也会相信投掷食物的质量，但是若投掷的是树叶等鱼群不感兴趣的食物，鱼群则不为所动。所以，在互联网信息爆炸式增长时代，不是所有的信息都是有价值的，只有吸引了受众注意力的信息才是有价值的，而通过持续聚集受众的注意力，即可形成媒体自身的品牌影响力和受众的粘贴性。回到国内的报业发展，"报纸消亡论"已经甚嚣尘上数年了，但是真正经营状况每况愈下的报纸则多是同质化现象比较严重的都市报，以及其他信息内容乏味的报纸杂志。而《财经》杂志、《南方周末》等致力于高质量专业新闻报道的传统新闻媒体，依然能在互联网大潮中保持其独立的舆论影响力。

（五）新旧媒体的融合和创新

当今社会，新媒体发展是大势，但并不代表传统媒体就是"夕阳产业"，走下坡路。可以说正是有传统媒体所打下的良好基础、所树立的品牌口碑，才有新媒体如今蓬勃的发展前景，同样值得肯定的是传统媒体的"巨人肩膀"，还有新媒体的"站得高，看得远"。

1.加速传统媒体行业现代化

技术进步推动新媒体产业的发展，也是媒介融合、产业升级的重要一步[44]。媒介融合时，必须引进符合媒介融合要求的技术人员。

第一，内容制作技术提升了，新媒体时代，受众对视听要求越来越高，裸眼化 3 K，4 K，8 K 这些概念的风行，也表明受众对体验的追求在增长。

第二，平台技术提高了，政策也正在实施。对于云技术、新的操作系统等这样的新概念，要高度重视起来，使平台架构向更开放的方向演进。

媒介融合不是要摒弃本身的长处，是要发展好媒体传统业务的同时，积极开拓新媒体产业，实现业务多元化。将来的电视、广播、报纸，都将依托于网络，

---

[44]　宫承波，翁立伟.新媒体产业论[M].北京：中国广播电视出版社，2010.

受众既能点播自己想要的咨询与内容，也能观看实时直播，既能随时多屏互动，也能纵向讨论，对传统媒体行业来说，用互联网思维来提升传播能力，并且努力拓展新势力范围，势在必行。

2. 把握好传统媒体的资源优势

在传媒产业，"内容"服务是重中之重，内容的时效性、独特性、丰富性都是竞争的重点。激烈的竞争使得湖南传媒在蓬勃发展中，成果丰硕。这其中尤以电视行业为最，不管是曾经引发全民追看的电视剧，或是引发模仿狂潮的综艺节目，对于人民业余生活都是重要的一部分，这些优秀的作品也曾为湖南经济作出很大贡献，为湖南传媒打下了深厚的观众基础。

新媒体时代，比较理想的是改变以广告为主要收入的模式，并且开始延长传媒行业的价值链，衍生产品行业成为一个新的思路，但话说回来，任何传媒项目或者产品的核心，都应该是优质的、受欢迎的内容。如果没有这样的内容，衍生产品的发展将无路可循。

内容产品的质量始终是决定媒体发展水平和市场发展水准高低的关键。新兴媒体渠道较多、信息更广泛、能达到实时传播，常会有虚假信息出现的情况。在报道核心事实上，传统媒体则会更注重严谨性，并且会对有效、相关信息进行整合与深度挖掘利用，深耕信息内容，实现品质、时效的统一。同时强化深度报道，优化评论言论，做到思想性强、观点鲜明。传统广电媒体应该充分利用新的平台和渠道带来的机遇，活用互联网思维推动内容产品的升级，以自身独特的内容优势赢得发展优势，以正确导向引领发展方向。

此外，内容好、模式好，还远远不够。对于优质内容的保护，意识上、行动上还做得不好。随着新旧媒体的融合推进，产业结构的拓展，各个不同媒介都将面临同样的内容竞争，版权保护、创意保密的重要性不言而喻。

3. 使用网络资源推进新旧媒体的融合

2014 年，中央发布文件《关于推动传统媒体和新兴媒体融合发展的指导意见》，来自官方的声音强调，要打造具有竞争力的新型主流媒体，建设新型媒体集团。互联网技术，尤其是移动互联网的发展态势，带来一股全媒体浪潮，传统媒体受到无可避免地冲击。

网络虽然大部分时候分流受众，同时也是传统媒体新的机会。广播电台通过车载、网络等形式再次得到新的关注，同时抢占广告。电视媒体或许可以通过利用新技术来提升影响力。以湖南卫视为例，利用自身资源金鹰网、芒果 TV 进行合作，用自身独有的内容增加关注度，以各种微博、微信公众号等社交网络、社区的讨论提高品牌讨论度与热度。目前来看，国内的广电新媒体在用户互动这一块做得还不够，大部分内容评论热度都不高，有知名度不够的问题，也有对于用户体验重视水平不够的原因，新媒体的优势就是极高的互动性，对于这一点要充分利用起来，采取措施吸引受众多多参与互动，或用奖品激励或用另类主题鼓励受众参与积极性，以此提高用户体验感受，此举做好了，能有提高观众黏性和扩大口碑影响的双重功效，何乐而不为？

新旧媒体的融合，实质上就是，传统媒体适应新技术，新媒体提供新平台与新渠道，由此带来新一轮变革与改变，对已有流程、组织结构的适应性调整。

利用移动互联网的资源和力量，是一个重要的发展趋势。用对待产品的态度去制作内容。取代单向思维模式，分析网络数据，对细分受众进行分析。

（六）加强传统媒体与受众的互联

前互联网时代，传统媒体都是单向输出的模式，由于传受双方时空距离，受众在接受传者提供的信息时，无法立即将自己的想法和意见立即反馈给传者，需要通过特定方式才能与传者进行延时的、间接的互动，大多数情况下，受众的主动性只能体现在看或者不看的选择，因为留给受众能够选择的传播渠道不多，因而受众的看与不看并不能对传统媒体有实质性的负面影响。毕竟整个社会的媒介总量是有限的，而了解外部世界又是人类基本的生存需求，受众只能被传媒的强势地位"绑架"。

互联网时代，当受众获取信息的传播渠道因为互联网技术从有限变成无限时，受众被传统媒体"绑架"的状态也瞬间发生改变，受众不再止于去看媒体安排好的内容，而有了更近一层参与互动的欲望。从传播心理学来看，传统媒体加强与受众的互联，对于传媒本身的发展具有重要意义。

以央视春晚为例，从 1983 年至今的 38 年里，无论人们是持欣赏还是吐槽的态度来观看春晚，春晚已然成为中国人除夕夜无法忽略的存在。但是近些年随着娱乐节目元素的多元化，春晚的收视率持续走低，2015 年羊年春晚通过延伸互联网技术不断刷新春晚多项历史纪录：首次在社交媒体平台同步直播春晚，首次开放微信平台供观众提前下载春晚节目单，节目设置中还增设抢红包等新颖互动方式，首次在春晚现场使用掌声记录仪，根据观众的现场反馈来调整后续节目安排。尤其是微信抢红包等新媒体互动创意，根据腾讯官方公布的数据，2018 年除夕夜微信红包收发总量达 460 亿次。

其实，从 1983 年第一届春晚伊始，央视一直也比较关注与观众的互动，从最开始的热线电话，到后来的短信互动，微博参与点评春晚，但是台上的演出和台下的观众距离依然万水千山,互动的实时性和共鸣性较弱。而在2015年春晚中,观众可以实时参与春晚,从以往被动地看变成春晚现场和电视机前的观众共景联欢。从2015年央视春晚改革,不难看到央视在迎接互联网浪潮挑战时主动去对接互联网传播规则的姿态,如选择微信等互联网社交服务平台,央视通过对接互联网技术服务后所带来的影响力和辐射力在2015年的春晚中也是有目共睹的。

加强传统媒体与受众的互联包含两个层次的要求,首先是要注意加强外在形式的互联,比如微博、微信互动参与平台的建设;其次则是以受众需求为基点的互联,在传播者和受众之间形成一个信息流通的回路。传统媒体习惯了高高在上的把关人角色,采编人员习惯于从自己的价值判断来组织内容传播,但是何以肯定这些信息内容就一定是受众需要并感兴趣的,近两年来,中国不少电视台相继引进韩国的综艺节目,如浙江卫视引进韩国SBS《running man》,推出中国版的《跑男》,江苏卫视引进韩国MBC电视台《我们结婚了》,推出中国版的《我们相爱吧》,安徽卫视引进韩国SBS《丛林的法则》,央视近期打算引进韩国MBC电视台的《无限挑战》。很多中国人都在反思为什么韩国的综艺真人秀节目可以做得这么好,其实韩国的综艺真人秀节目《无限挑战》《runningman》等十分重视日常与观众的互联,他们定期去调查观众需求的变化,并根据观众兴趣点创新节目形式,以求持续保持受众的注意力。

(七)重视用户协同参与内容生产

前互联网时代,传统媒体与受众之间的关系总是间隔着一道不可逾越的屏障:受众无法融入传统媒体的内容生产和传播。当互联网平台赋予普通媒介使用者自由生产传播内容的权利时,也悄悄地改变了媒介使用者的思维模式和行为模式,他们关于信息自行发布的主权意识空前高涨,因而当他们在接触媒介时,不再止于看信息,而是更侧重于参与信息传播。互联网技术的发展已经悄然间对公众的传播理念产生了革命性的影响,受众的传播主动性得到空前的解放,特别是微博、微信的出现,公众更积极地参与到新闻传播过程中去,这让传统媒体垄断内容生产的模式迅速过时。传统媒体如果仍然漠视受众的参与传播的需求,将会在移动互联网时代逐渐丧失其主流媒体影响力。对遭遇互联网冲击的传统媒体而言,新闻传播理念必须相应转变。利用媒介用户协同参与新闻生产传播的优势,尽可能赋予媒介使用者内容生产主权,不断完善自身的传播方式和运营方式,增强自身的竞争力。以新闻生产为例,赋予媒介使用者内容生产主权,首先采取公民记者新闻采访和专业记者采访相结合采编模式。媒体可以招募公民记者，依托于互联网平台发布新闻选题，募集受众来共同完成该选题的采访写作工作，或者呼吁普通公众完全根据自己的新闻价值判断和兴趣采写稿件投给媒体，两种开放模式的新闻采写都由媒体专业编辑根据新闻采编规范进行把关和二次编辑，然后审核播出。比如车祸、暴力犯罪等突发性新闻事件，专业记者很难在突发性事件发生时就恰巧在现场，媒体通过互联网平台及时招募事件现场公民记者，及时进行新闻采写，从而能够获得新闻首发权。其次，开辟受众众筹采编新闻栏目。当下传统媒体的新闻栏目都是由专业的新闻从业人员全程制作，互联网平台却涌现了不少自媒体新闻播报。传统媒体可以尝试在一定选题范围内，比如娱乐和社会民生等，完全开放整个新闻采编流程，开辟完全由受众众筹完成的新闻栏目，从而极大地调动各个层次受众的积极性，提升媒体关注度。

第二节　大数据时代传统媒体的创新与变革

一、传统媒体在大数据时代的定位

新时期，市场朝着垂直领域不断迈进，用户的需求呈现出个性化与定制化的发展趋势。在复杂多变的市场需求下，要完成内容与用户需求的无缝对接显然不能仅依靠单打独斗，需要基于相对成熟的大数据技术平台，这一平台的建设关系到传统媒体在未来市场发展中的成败。

在大数据平台的建立除了依靠海量的数据支持以外，大数据的分析与处理也是关键，处理过程要高效、成本要低廉，为了实现价值变现要能通过多种支付渠道实现智能化收费。通过这种云计算技术的应用使海量的数据信息转化为具有潜在价值的知识，最后通过用户差异化的需求从不同的角度寻找出这些知识的应用方向，满足用户的多种需求。

2014 年 3 月 8 日发生的马航客机失联事件震惊了整个世界，各大媒体几乎都在关注这架飞机出事的时间、地点、乘客人数以及飞机飞行中的通信内容，而后随着相关细节的公布，人们对该架飞机的各种猜测层出不穷，整个事件变得相当复杂。

而借助大数据平台的分析，媒体可以对该事件的相关信息进行数据的收集与整理，最终得出最接近事实的结论。

大数据平台的建设相对比较复杂，在国内要真正实现这一平台的构建需要克服多方面的困难。我国的传统媒体在特有的体制影响下，一直呈现出规模小、分散化、实力弱等特点，同行业之间相互共享的信息内容十分有限，某一媒体投入大量精力所获得的数据，其他媒体还要再去进行重新收集，资源的大量浪费现象十分常见。

在大数据时代，数据平台的建立需要有海量的信息共享作为支撑，媒体要进行的应该是按照不同的报道场景来以不同的方式进行多元化与差异化的数据发掘与分析，如果信息无法做到共享，那么大数据平台的建立也将变得毫无意义。

传统媒体的工作以信息的获取者为核心，他们的综合素质决定了信息产品的质量，但是这种方式和大数据时代的媒体特征显得格格不入，一方面海量的数据信息仅凭个人很难处理，另一方面信息获取者思维方式、信息处理能力的不足也难以应对大数据时代的客观需求。

传统媒体完成与新媒体的深度融合在大数据时代显得尤为重要，二者的深层次融合将会使传统媒体克服技术落后、人才不足、成本较高的难题，同时有效解决新媒体在占有数据资源的选择上混乱不堪的局面。

二、大数据时代传统媒体的转型路径

传统媒体在大数据时代的转型升级之路确实面临巨大的考验，从目前的形势来看，传统媒体可以通过在以下四个方面做出努力来完成自身的突破。

（一）数据可视化

当下的信息爆炸时代，人们对优质内容的需求在不断增加，媒体能够将可视化的数据以一种更加友好的方式展现在消费者面前显得尤为重要，可视化的数据市场有着极大的发展前景。

2003 年成立的企业可视化数据服务公司 Tableau 经过十多年的发展已经成功上市。Tableau 拥有企业级用户上万家，其中不乏 Facebook、苹果等大型企业。而随着大数据分析技术的应用，2014 年国内的业务分析市场规模也已经达到近 14 亿美元，并将以 16.7% 的年复合增长率逐步提升，在 2019 年增至 30 亿美元。

（二）利用大数据分析技术服务企业决策

在海量的无关信息的干扰下，企业的决策面临着较大的难题，企业迫切需要有高质量的信息作为决策的参考数据，这也为传统媒体的转型升级提供了一条新的思路，如果传统媒体能够克服自身在技术与思维方面的缺陷做出服务企业决策的优质产品，必将获得快速发展。

对于传统媒体从业者来说，转型升级的真正实现最为关键的是构建基于大数据分析技术的综合信息服务平台，而这一任务的艰巨性也注定了传统媒体的转型升级还有很长的一段路要走。

（三）借助大数据分析直接对接用户的需求

如今的传统媒体与互联网媒体相比在用户体验上存在较大的劣势，而大数据分析可以通过对数据的挖掘找到用户所关注的热点，从而为传统媒体制定满足消费者需求的信息产品提供参考。

美国在线视频网站 Netflix 在 2013 年推出了新版电视剧《纸牌屋》，该剧获得了多个国家观众的一致好评。这部电视剧制作的背后正是大数据分析技术的应用。Netflix 的技术部门统计了几千万次用户体验、几百万条用户评论与用户搜索，成功找出了用户观看视频的多种需求，并引入用户关注度极高的导演大卫·芬奇（David Fincher）与著名演员凯文·史派西（Kevin Spacey）参与该影片的制作，而且通过大数据分析发现英国的原版《纸牌屋》有很大的受众。

迎合消费者需求的美版《纸牌屋》上线后大受欢迎，编剧根据美国与英国的差异性对内容进行的全新创作使其更加符合观众的需求。正是 Net-flix 对海量的用户数据进行分析后挖掘出了用户的关注点，从而创作出了优质的产品。

（四）借助大数据分析技术研发舆情引导的相关信息产品

我国目前正处于改革转型时期，作为承担舆情引导重任的媒体业来说，做好舆情引导十分重要。

当前形势下舆情引导的压力很大，传统媒体应该应用大数据分析技术发挥优质新闻内容发掘与传播方面的巨大优势，引导舆情向正确的方向发展，维护社会秩序与国家发展的稳定。而且做好舆情引导也能为媒体带来巨大的收益，如人民网通过优质的舆情引导，信息产品每年创造的收益达到上亿元。

三、大数据技术在新媒体传播中的应用途径

（一）优化数据获取途径

新时期我国信息技术的快速发展，新媒体突破了传统媒体发展的局限，其借助计算机技术实现了媒体信息的高速传播，使人们可以实时获取新闻信息，了解国内外发生的事件和新闻，获取第一手的资料来源。在新媒体时代，人人都可以成为新闻信息的传播者和制造者。将大数据技术应用在新媒体中，需要优化新闻数据获取的路径，借助数据技术对网络平台中收取到的数据进行分类，从而获得有价值且真实性高的数据信息。通过构建大数据平台，实现数据信息

的实时共享，有利于对数据资源进行优化处理，从而提升数据应用的质量。

（二）增加信息的安全性

新媒体时代，网络中存在大量的虚假信息，由此而产生的是网络信息安全问题。新媒体传播将网络作为媒介，通过长期有效地规范与管理网络环境，则能够降低对新媒体发展带来的阻碍。大范围的网络信息安全概念传输，有利于增强网络用户的保密意识与安全意识。通过构建安全防范系统，应用信息安全防范技术，可以从技术角度来增强信息防护的安全性和有效性。借助大数据技术来筛选和批量分析网络中的数据信息，将新媒体传播中出现的不良信息筛除和过滤出去，可以有效优化新媒体传播的信息结构。

（三）增强新闻信息的价值

在大数据时代，信息指数级爆炸式增长，信息量增多意味着新媒体制作的素材也变多。将大数据技术应用在新媒体制作中，要打破信息孤岛，将新媒体与其他媒体结合起来，促进新媒体与传统媒体合作，突破数据信息的孤岛效应，发挥数据新闻的边缘化作用。为此，新闻从业者要主动学习新媒体创作的方法，提高新闻敏锐度，加强对数据信息的分析和整理，从数据创作中挖掘出新的新闻信息，使数据信息能够为广大读者提供更有价值的内容。

（四）新媒体从业者提高自身的从业素质

大数据技术在新媒体发展中的应用，离不开新闻从业者的努力和奉献，新闻从业人员只有具备掌握了先进的大数据技术应用方式，才能制作出更加优良的新闻，因此新媒体从业者主动增强自身的新闻素养，提高自身的制作技术水平。例如新媒体从业人员可以运用计算机技术的能力，掌握新媒体新闻制作相关的软件，如表格软件、数据分析软件，具备相应的数据分析能力。同时新闻从业者还应具备从海量的信息中发掘潜在信息价值的能力，对海量的信息进行整理和汇总，并精准地分析数据的内容，得出精准的结论，这是广大新闻工作者应不断提升的能力。在制造数据新闻时，要求新闻从业者具备敏锐的大数据思维，结合大数据思维来制作新闻，提升新闻编排的科学性、严谨性、真实性和有效性，满足社会大众对数字媒体新闻质量与内容的要求。

四、大数据时代传统媒体与新媒体融合发展战略

新媒体的发展经历了一代又一代，从第一代简单的报纸到如今科技如此发达的手机媒体，新媒体的发展从功能、形式、传播对象都有了长足的变化。功

能越来越多，越来越强，受众越来越多，越来越普及。我们所处的媒体时代，已经不单单是一个单一的媒体，而是融合了新媒体和传统媒体的混合媒体时代，而现在的无论是主流媒体还是新媒体都呈现出与原有的传统媒体融合发展的鲜明的时代特征。

经历了多年新媒体人的大胆实践，启发了人们认识到各种新媒体之间存在着一种不可切断的联系，每一种新媒体也都经历着从诞生到成长，从成长到成熟，再从成熟到衰败的过程。一种新媒体的诞生并不意味着传统媒体的消失和灭亡，而是传统媒体经历了新媒体冲击后变革又重新蜕变成为新媒体，而新媒体与传统媒体以一种竞争并存的方式在不断的发展。新媒体的诞生不是为了淘汰传统媒体，而是要开拓新的领域以迎合受众的需要[45]。

[45]　金晶. 新媒体传播的认识与探知 [J]. 发展，2011（04）：105-106.

第七章 新媒体时代文化传播的路径探讨

文化传播的过程中少不了媒体的参与，媒体与文化传播之间存在着相互影响、相互促进的发展关系。而现如今所出现的新媒体与文化传播共同繁荣的共赢局面是二者相互作用的必然结果。本章分为新媒体与文化传播的关系、新媒体对文化传播的影响、新媒体时代世界主要文化思潮、新媒体时代文化传播的策略探讨四部分。主要内容包括：新媒体影响文化传播的机制、新媒体主导文化传播的必然性、新媒体对文化传播的积极影响、新媒体对文化传播的消极影响等方面。

第一节 新媒体与文化传播的关系

一、新媒体影响文化传播的机制

文化传播的结构主要涉及传播者、接受者、媒介、价值需求、文化信息五个方面。新媒体属于其中的媒介部分，由传统的纸媒、电子媒介变成了数字媒体、移动通客户端等。传播结构的五个方面要素均具有自身独有的特征、功能、作用，这五个要素之间不是相互孤立的存在，也不是简单的相加，它们之间有着不同的相互关系。在当前新媒体环境下的文化传播，使得文化传播各要素之间发生了变化[46]。就传播主体与接受者来说，媒体再也不只是某些特定的政府部门或者党政机关才能进行信息的发布，普通接受者也能够成为信息的生产、加工和发布者，新媒体改变了传播者与接受者之间的主客体的关系。新媒体环境下的文化信息来源趋于多样化，新媒体借助于数字技术强大的整合和表现能力，能够将复杂、不易理解的科学理论、实验流程和科学探讨等转化为受众能够理解的信息，使得文化传播的范围更广。由于传播的对象、内容、范围更广，

---

[45] 周建明，刘畅．文化生态保护区理论与实践 [M]．北京：中国建筑工业出版社，2016.

具有文化差异的人们对不同的文化的理解与需求不一，文化内容在传播过程中经过加工与创新，也影响人们对文化的价值需求的改变。

二、新媒体与文化传播的辩证统一

新媒体的发展不能够脱离社会生产和生活而独立存在，文化传播的发展也是相同的道理，新媒体的发展与文化传播的发展二者之间存在着相互联系、辩证统一的关系。新媒体在发展的过程中，为了更好地起到传播的作用，这就要求新媒体技术与传播形式不断更新以适应文化发展的需求，而新媒体技术手段的不断进步与传播形式的多元化让文化传播无论是在内容上还是形式上都有了进一步的发展，从这一层面来讲，他们之间是相互作用的，新媒体的发展促进文化的发展，而文化的发展推动了新媒体技术的革新。

当下文化的发展要靠新媒体的广泛传播，重视新媒体在文化传播中的重要力量，要像对待传统媒体一般重视新兴媒体的力量。首先，新媒体更适应当代社会文化传播的需求，也更为符合当代文化发展的需求。新媒体改变了传统媒体的传播方式和传播结构，更符合现代人对文化传播需求。其次，文化的发展反过来促进了新媒体的发展。虽然新媒体具有通信、社交、娱乐休闲等多重属性，但还有很多不尽如人意的地方，如新媒体在提供个体阅读、沟通、处理信息方面的总供给相对过剩，人们不能精确搜索到自己想要的信息，在文化传播内容上准确率不高导致的"谣言"危害等诸多问题。

新媒体的发展依托于数字技术的快速发展，新媒体出现的一个最主要目的就是为了传播，它作为社会大众传播信息的一种媒介手段是高效快捷的，对文化传播产生了革命性的影响。文化的发展是人类长期社会实践的产物，是人类精神文明的重要体现[47]。文化的发展必然要紧跟时代的脚步，在不同时期文化有不同的发展形势与发展内涵，但无论如何文化的发展都需要有相关的媒介来宣传与散播。而新媒体让文化传播，变得触手可及，从而改变了文化发展中人类长期实践社会的方式。随着人类文化需求方式的改变，人类越来越依赖于新的传播工具，以便于拥有更先进的、更符合人习惯的文化媒介。从这种角度看，新媒体参与文化传播具有必然性。

由于传统媒体在文化传播方面对社会进步的进程所做的贡献正在逐渐变小，而新媒体代表着社会未来媒介前进的方向，新媒体来说是符合社会发展的，所以新媒体成为主导媒体地位是一个必然的过程。在人类社会的存续和发展过程中，媒介被看作是最有效的工具之一，麦克·卢汉曾经说过：每个时代所使用

---

[47] 方玲玲，韦文杰.新媒体与社会变迁[M].上海：复旦大学出版社，2014.

的传播媒体会对社会的发展进步起到重要的促进作用。从传统纸媒到电子媒介，再到如今的新媒体，每一种媒介的诞生都开创了人类感知世界、认识世界的方式和理念。曾经人们一直以为文本是唯一对社会的发展进步起到作用的信息来源，但现在，即使是很久以前的图片、书籍都可以搜索到。很久以前通过纸媒、电视、广播使信息交流频繁，文化传播得到了大力发展。而今，通过不同的媒介产品或主动或被动地获得知识和信息。发达的媒介使人与人之间的交流不再受时间、空间被动的接受者的影响。在这种新媒体环境下，缓和了地域的界限和文化的差异。所以，当下新媒体必然会对文化传播带来深远的影响。

人们在物质条件得到满足的情况下势必会追求精神上的需要，这就要求文化的发展与传播必须紧跟时代的步伐。人们不仅仅要求文化传播的及时性，还要求文化内容的互动性。每当在新媒体平台下打开一则新闻，发现下面写满了相关的评论，这说明现代社会人们更需要的是与新闻事件的互动性。而传统纸媒、传统广播、传统电视是未能很好地做到这一点的，新媒体平台的及时性与互动性大大地改变了人们与信息文化交流的模式，在文化交流的内容上，也不再受到时间、空间以及地域的限制。以前只有传统媒体或是只有政府才能在相关媒体上发布信息内容，而新媒体交流平台出现后，任何人在任何时间只要具备传播信息的数字化工具，就可以发布自己想要表达的信息内容，由传统媒体单线性的交流方式现如今被新媒体改变为了高效的"一对多"甚至"多对多"的交流方式。

新媒体的传播方式较传统的传播方式有了太多的优越性。随着微博、微信等广泛应用，使得文化传播的速度与文化传播的进程加快，同时文化传播的信息量、内容也不再受到时间、空间以及地域的限制。媒体的发展都有一个过程，而在这个过程中新生事物是顺应历史潮流的，是适应社会需要的，因此它是不可战胜的，在未来的媒介发展中，新媒体的力量将取代传统媒介文化传播方式的主导地位[48]。

第二节　新媒体对文化传播的影响

一、新媒体对文化传播的积极影响

新媒体作为文化交流的工具和手段，为文化的发展提供科技支持，在文化传播的过程中具有不可忽视的作用。其有力的一点，突出地表现在新媒体作为

---

[48]　秋红.新媒体对传统文化传播的影响[J].传播力研究，2019，3（09）：30.

信息手段具有非常强的高效性，从而从整体上促进了文化的传播。另外，由于依赖于科学技术尤其是数字技术的不断发展，作为拥有丰富信息传播手段的新媒体使得文化传播的手段变得多样化。这不仅改变了文化的传播交流方式，而且还使文化的功能得到了最大程度的发挥，这对文化传播的创新与发展也是极有力的。新媒体还有利于文化传播与发展的全球化进程的到来与加快，使得文化融合真正跨越国家、族群、地域等各个方面的限制。

（一）促进了文化的传播

很显然，新媒体的出现，使得文化对整个社会的推动作用更加明显，主要体现在以下四个方面[49]。

1. 增加文化的传播方式

文化是通过传播使人们接收，然后产生其他的连锁反应。新媒体出现之前，文化的传播方式比较单一，使传播效果受到了限制。如今，新媒体运用到文化传播的过程中，可以看出，整个文化传播体系都更新换代，一方面，不再是传统的传播平台，另一方面，多种多样的传播载体也逐渐出现。回顾历史可以发现，人类的传播方式从最初的口耳相传，再到后来的纸质媒介、电子媒介传播，直至今天的数字新媒体的传播，能够明显感受到新媒体环境下，文化传播载体形式的巨大变化，新的媒介形式为文化传播提供了新的传播方式，打破了各种交流的障碍，人们更加真切地感受到了新媒体对文化交流、文化传播带来的优势与变化，也逐渐开拓了新媒体领域的数字化服务，形成了具有自己行业特色的服务模式。

2. 提升文化自体内涵

文化的交流与传播不仅能够提高文化的内涵，而且还能够激发更多的文化形式，或者催生出新的文化，为原有文化注入活力，当新的文化出现的时候，随之变化的是整个社会的文化体系。新的传播媒体也会带来不同的文化传播效果。也正是新媒体的这种冲击，才更应该提升传统文化传播媒介的发展水平，不断地转型升级，寻找新的发展方向，以新的眼光去看待新媒体带来的冲击。

数字电影就是一个很好的例子，如3D立体画面为观赏者带来了更强烈的视觉体验，更立体地突破了以往的平面电影的感受，也让观众更直观地感受到了不同文化之间的差异；电影声音系统中的杜比环绕声系统与杜比降噪声系统使观众更清晰、更专注地获得影片中所传递的声音信息。但是电影本身就是传统

[49] 彭莹辉,刘立成,叶梦姝,辛源. 气象信息传播参与社会管理的路径分析[J]. 阅江学刊,2014,6(06):28-33.

的文化交流，此时与高科技结合，创造出新的文化形式，使整个文化体系更加完美、意义更丰富。

3. 提高了文化传播的便捷性

相对比传统的文化传播媒体，新媒体在文化传播方面具备便捷性的特点，其借助数字化信息技术，可以缩短信息制作周期，实现短时间内大范围的快速传播，同时具备实时更新的功能。通过新媒体融合的文化传播形式，世界各个国家可以第一时间了解中国的文化动态信息，有效增加了中国文化的传播影响力。

4. 使文化交流与碰撞更频繁

文化的融合是指不同的文化背景，不同国家，不同民族，通过文化间相互沟通，相互交流的方式，长期以来形成的文化间相互渗透，相互影响，相互交融最终融会贯通，成为一体的过程。文化融合的过程中必定要经过文化的选择以及认同，最终成为一种新的文化形式被人们所认同。文化的冲突是文化接触时所必须面临的，一国在接受外来文化的时候，总是带着排斥与反抗的心理与情绪，这种排斥与对抗的情绪从文化交流的角度来说，就产生了矛盾与冲突，在新媒体的发展迅猛的当下，由于不同文化间的交流更多，那么产生文化冲突的现象就愈发严重。但是在经过长期的实践后，会发现了外来文化中的优点，不自觉的对其进行了选择与吸收，并将其融入本民族的文化之中，这便是在文化的冲突中走向了文化的融合。

新媒体对于传统媒体的继承与发展，它不仅仅保留了传统媒体中适应社会潮流的部分，而且还具备了新的数字科技元素，这是传统媒体所无法超越的，它对于中外文化的交流与融合有着十分重要的作用。新媒体发展速度的加快不仅打破了中西文化发展中长久以来的樊篱，同时在消除中西文化的冲突方面也起到了重要的作用，加快了世界各国文化融合发展的进程。新媒体有助于社会大众对不同文化的理解，通过新媒体可以及时与不同文化互动有利于解除文化发展中产生的文化误会与分歧。所以要正确看待文化的冲突与融合现象，不同的文化在融合的过程中又产生了一定程度的文化冲突，文化的冲突促进了文化的融合。

5. 使文化交流传播方式多样化

一方面，大众更加积极地融入文化交流中去，原因是新媒体文化传播不仅提倡个性化，甚至某些情况下还可以匿名参与，如此一来，不仅提高了大众参与的积极性，而且也增强了大众自身的安全感。新媒体时代，人们的思想更加多元化，所以人们突破了身份地位的局限，发表自己的观点及看法，而且扩大了交流范围，不再是熟人之间的交流，陌生人之间也可以进行沟通、互动，通过这种参与互动式的文化交流，使受众之间很容易获得一致的认同感，从而实现文化交流传播的作用。

另一方面，受众在文化传播交流中的地位不再一味地被动，这也是新媒体时代到来的改变，只要你愿意，人人都是新闻人，每个人都可以提供信息并且通过媒体加以传播，但是要注意的是，所传播的内容不能是谣言或者是法律禁止的内容。这种变化对专业的新闻媒体来说是一种挑战，但从另一方面来看，能够促进专业媒体的转型升级，比如向数字化方向发展。以上这些变化带来的优势促进了人与人之间的交流，实现了文化的碰撞与融合，从而更好地推动文化的发展与进步。

（二）整合了文化传播的结构

1. 加快文化传播媒介的整合

当人们还在讨论传统的互联网时，移动互联网已经占据人们的生活，当人们将视线转移到移动互联网时，又兴起了大数据和云计算，由此可以看到，人对事物的认识处于不断的发展过程中，也在不断的创新和变化。近十年的时间里，新媒体所具备的"及时性"和"互动性"等方面的优势，是传统媒体所无法达到的，这是现代社会信息化的需要，也是人类社会发展的需要，这一现实让传统媒体的发展变得日益维艰。随着时代的迅猛发展，传统媒体要想占有一席之地，就必须走向转型的道路。

一方面，由于新媒体的自身优势，已成为人们生活中重要的生活方式之一，人们习惯于使用新媒体，习惯于从新媒体中获得自己感兴趣的信息，习惯于通过新媒体获得音乐、游戏、聊天等娱乐休闲资源，人们习惯于利用新媒体联络与亲人、朋友之间的感情。这种"用户习惯"的养成，成为一种动态的力量，推动着人们更加频繁地使用新媒体，反过来也成为新媒体发展的巨大推力。这种情况下，传统媒体就吸收新媒体的优势，自主地加入媒体转型的行列中。传统媒体强化自身与新媒体的建设，将新媒体的发展纳入信息传播、舆论引导的整体行动中，将自身与新媒体融合起来，共同发展。传统媒体也通过各种途径、根据自身的媒体特点，开发形式不一的新媒体产品。新媒体牵引着传统媒体走向融合。新媒体对于传统媒体而言属于新事物，而新媒体是在传统媒体的基础上演变而来的，它具备传统媒体所不具备的新元素，同时又保留了传统媒体中合理的，仍然适应社会发展的旧元素。传统媒体要想不被行业淘汰，就必须有新的并且适应社会需求的新元素产生，"媒介融合""网报融合"是利用新媒体的优点以及针对传统媒体发展中存在的缺陷进行媒体产业整合，在形式上将新旧媒体融合，形成适应时代发展的融媒体，从而实现媒体形式的全面转变。

另一方面，国家出台的"政策利好"利于传统媒体加速与新媒体的融合发展。自全面深化改革以来，我国对新媒体的重视又一次加深，在 2014 年 8 月的习近平主持召开中央全面深化改革领导会第四次会议中，就提出要重视新旧媒体的发展要求。会议上强调了要推动传统媒体与新媒体的融合发展，形成优势互补、一体发展。

此外，2016 年 2 月 19 日，习近平同志调研了人民日报社、新华社以及中央电视台，最后习近平同志在党的新闻舆论工作座谈会上指出目前我国媒体的发展趋势就是在"互联网＋"的条件下让新旧媒体充分融合，走"网报融合""媒介融合"的新发展道路，这样才能更好地为文化的交流融合与发展做出更大的贡献，为我国传统媒体未来的发展指出新方向。这里的"融合"不仅仅是技术和形式上的融合，更在于内容上的融合。"网报融合"与"媒介融合"是国家站在文化发展战略角度上所提出的发展方向，在传统媒体时代，报道内容和刊登内容都是由特定的媒体人发布的，并且受到版面和费用等的限制，报纸、杂志等传统刊物登载的内容十分有限。之后，电子数字刊物的出现进一步弥补了这种缺陷，不再受到版面不足的影响，这种优势是传统媒介所不具有的优势。

2. 加速文化融合

新媒体在文化融合方面可谓是功不可没的。这首先表现在新媒体加大不同文化之间的传播和融合，媒体通过不同的平台与媒介形式传播文化。例如，芒果 TV 平台是文化互联网产业的模范先锋。作为湖南广电"互联网＋"核心平台，芒果 TV 平台覆盖了移动端和电视、互联网等全视频领域。湖南广电的新媒体平台芒果 TV 推动《歌手》在哈萨克斯坦、新加坡等地实现同步直播《歌手》总决赛。哈萨克斯坦作为芒果 TV "走出去"的第一站，大获成功。此次《歌手》的入哈，正是由于《歌手》的热播，引发哈萨克斯坦民众在社交媒体上的热议，才成功引起当地媒体和官方电视台的关注，最终也由芒果 TV 成功将《歌手》推出到当地电视台播出。而节目的播出，又进一步助推社交媒体上的热议，使得节目在当地家喻户晓。正如哈萨克斯坦文化和体育部长说"《歌手》让哈萨克斯坦了解中国文化，中国特点，这两方面都得到了很好的发展，两国联系非常紧密"。这次的《歌手》节目中不仅增加了哈萨克斯坦民众对中国文化的了解，同时，歌手迪玛希也传播了哈萨克斯坦的文化，增加对哈萨克斯坦文化的进一步了解。

新媒体加快了不同文化之间吸取和借鉴的可能，让文化传播、文化发展越来越融合。总之，新媒体对于中外文化的交流与融合有着十分重要的作用。新媒体对于传统媒体的继承与发展，它不仅仅保留了传统媒体中适应社会潮流的部分，还具备了新的数字科技元素，这是传统媒体所无法超越的，新媒体发展速度的加快不仅打破了中外文化发展中长久以来的隔阂，同时在消除中外文化的冲突方面也起到了重要的作用，加快了世界各国文化融合发展的进程。

（三）丰富了文化传播的内容与方式

1. 让传播内容更丰富

新媒体的发展使得文化传播的内容变得平民化和大众化，很多人已经不再仅仅是文化接收的主体，而是变成了文化传播的"媒体人"，在这种情况下，文化传播的内容也就发生了变化，在传统的媒体视域中，如传统的纸媒，都是由专业记者进行采访报道后经过排版印刷，最后出现在读者的眼前，现在由于传播媒介发生变化，文化传播的内容变得十分的多样化，上至国家大事，下至家长里短，都可以成为文化传播的内容。所以传播的内容变得更为丰富，更为多元化。因为新媒体给人们带来了前所未有的便利，所以大众对新媒体的接受能力越来越强，由此一来，对传统媒体的冲击就更大，但是新媒体的好处就是带给传统文化的传播效果也越来越好。无论男女老少，无一不感受到了新媒体工具在生活中的巨大作用。也改变了整个文化传播的格局。人类社会离不开信息，那么信息的传播又离不开媒体，所以新媒体的迅猛发展可以说是时代的要求。而新媒体传播的丰富性在于新媒体极大地丰富了文化传播环境、文化传播方式和文化传播内容。

人类社会是一个复杂的系统组织，有着各种各样的群体，每个人都有着复杂的社会关系，所以说新媒体面临的也是一个复杂的社会环境。但是它的出现，使文化传播更加便利与高效，因为它有更多的渠道和方式去传播人们的思想和文化。在新媒体出现之前，人们从来没有想过仅仅手指动一下就能传递自己的思想、价值观念，并且可以跨越时间、空间的限制。从前文人志士、艺术家们传播自己的思想、展示自己的作品需要经过种种机构，如出版社、展览馆等，不仅如此，自主性还受到限制。但如今每个人都能成为传播者，都能够主动传播信息，只需要在网站或社交平台上发布就可以迅速推广，这种传播方式使得文化传播的范围更广。

新媒体的传播方式突破了地域的限制，它的传播范围十分广泛[50]，可以说，如果他们想传播某一条信息，只需要发布出去就可以了，根本不用考虑它的传

---

[50] 唐见. 新媒体视域下地方电视台营利路径新探[J]. 新闻前哨，2018（09）：71-73.

播速度、传播范围等，小到一个人的"空间动态""微信朋友圈"，大到政府政策，都能够迅速地传播到世界各地，有时候还会形成一种潮流，比如说"蓝瘦，香菇"这首歌曲的传播，这本来是一个人表达自己内心情感世界的方式，但经过网络的传播以后，全民都知道了，并且在很长一段时间内人们在生活中通过不同的形式去模仿和创新，形成了那一段时间内人们交流的方式。这是网络的一个特点，就是虚拟性。它能够带给人们在现实世界中享受不到的便利与特殊情感的感受。

新媒体的发展速度之所以能够日新月异，有很大的一个原因是它具有独特的传播方式，这是传统媒体所不能达到的一个高度。例如，当今人们的阅读不仅仅只是局限于纸媒，还可通过 iPad、Kindle 等进行电子图书阅读或者"听书"（一种有声阅读方式），并且书库数目丰富、购书方式便捷，较小城市的阅读者不再受到当地书店货源不足的困惑。根据最新的国民阅读调查报告显示：我国国民的数字化阅读数量达到出现了一个高潮，而且连续八年一直在上升。不仅如此，国民阅读数字出版物的方式也是多种多样，有手机APP，有专业阅读器等。2016 年这个数据已经高达 68.2％，与上一年相比有所提升。新媒体改变了人们的阅读方式，也改变了文化传播的方式。文化的开放性为新媒体的运用提供了很好的条件，这种良好的条件又对文化的发展产生很好的影响，通过传播，人们对事物的认知也有所不同，视野更加开阔，认识事物的时候也不会偏颇。不过，从事新媒体的工作者要注意把握机会，分析时代发展的潮流，不随意传播，而是采取合适的方式，传播合适的内容，这才是取胜之道。这也是传统纸媒所不能比拟的。

文化传播的方式多种多样，有人际传播、大众传播等多种传播方式，尤其是人际传播。这是传播方式中最常见的一种形式，以前的人际传播受技术的限制，所以传播的不够彻底，但是新媒体环境下互联网技术飞速发展，文化传播的方式和手段更加高超，所以文化传播的效果更好。多种多样的传播方式有利于促进不同文化之间的交流与融合，维护文化的多样性，促进文化的多元化发展。

2. 让传播方式多元化

新媒体的形式可谓是多种多样的，只要它投入数字技术、运用前沿科技，就可以称之为新媒体，并且为文化的交流与传播所用。目前，除互联网外，智能手机、户外数字电子大屏广告也都算是新媒体的重要形式。尤其是智能手机的出现以和迅速普及，让文化交流的活跃性得到极大的提高。面对传统媒体，人们想要交流，想要发表自己的见解，只能是有限度地与身边的朋友交流，而新媒体的出现，使得文化的传播与交流已经没有这些限制，甚至可以跨越国界沟通，这样每一个人都可以通过新媒体发表自己的看法，并且知道别人的观点与见解，这使得新媒体环境下的文化传播和交流空前的活跃和繁荣[51]。

新媒体的兴起之所以能够迅速占领市场，改变受众的媒介需求，是因为新媒体抓住了社会大众的心理。高科技手段的出现使得人们的思维习惯发生了潜移默化的改变，人们不论是从心理还是生理都变得越来越具有"惰性"，新媒体抓住了这一特点，让新闻以多种形式和途径出现在人们的生活中，例如手机客户端。据调查显示，现今社会有83％以上的人，在没有手机的情况下会出现恐慌以及焦躁不安等负面情绪。可见，手机已经成了人们生活中的必备工具之一，而智能手机的出现将手机通话、通信的功能进一步弱化，通过客户端接收信息、传递信息、查找信息已经成了手机的主要功能之一，例如人们通过微信朋友圈的公众号获得某一专业领域的知识，而手机应用下载前三的软件就有"手机微信"一项。新媒体以多种形式渗透于人们的生产生活，使得人们对于新媒体的依赖与青睐程度远远胜过于传统媒体，这也是现代先进便捷的智能手机、iPad等移动通信工具不断的技术更新变革带给新媒体的迅猛发展。智能手机现在几乎人手一部，也为文化传播带来了极大的便捷，微信客户端使得每一个人都有机会成为媒体人，这种随时随地，以文字、图片、视频等多种形式传播的手段，使文化传播的速度和文化内容更新换代的周期大大地缩短，是一种比计算机网络更为便捷的文化传播媒介。

二、新媒体对文化传播的消极影响

新媒体的迅猛发展加速了不同文化间的交流、传播、碰撞，缓解了不同文化由于地理边界的限制和时间的障碍，使各种文化交流更便利，使各种文化能相互碰撞、相互结合、相互进步所需要的时间尽可能地缩短，吸收新的文化精华，丰富本民族的文化。同时，新媒体使不同文化之间的资源共享达到最大可能。但是新媒体的发展是把双刃剑，在为文化传播和发展带来便利的同时也带来了一定挑战。

事物都具有两面性，虽然新媒体对文化传播产生许多正面的效应，同时，新媒体对文化传播也有不同程度的消极作用。

（一）加剧谣言传播的无序性

首先，新媒体加剧文化传播中的"破窗效应"。"破窗效应"一词最先运用于犯罪心理学，1982年由詹姆士·威尔逊、乔治·凯林他们发表的文章

[51] 李志坤. 新媒体时代下电视媒体发展新思路［J］. 西部广播电视，2015（13）：22-23.

《Broken Windows》中提出是指一旦所生活的环境中有不良的现象被放任存在，那么人们会对不良现象进行仿效，甚至变本加厉，最后可能达到不可挽回的局面。1974 年，美国科学家格兰诺维特提出了"弱连接理论"，即把人际关系分为强连带关系和弱连带关系。强关系带来相互的信任，弱关系带来信息的传递。身边的亲人和亲密朋友属于强连带，一则谣言的传播可能会在共同的朋友那里再次听说，谣言只能在小范围的团体中传播。然而，新媒体中的传播使得人们的交流范围扩大，甚至有很多"素未谋面"的人们相互间变成"朋友"的关系，这种关系即是格兰诺维特所说的弱连带关系。由这种弱连接理论可得之，人们对于信息的传递范围越来越大。加之新媒体由于其传播速度快、用户数量庞大、开放性强的特点，通常在传播中都会产生乘积效应。这种交互的强弱关系纽带自然而然很好地滋养谣言的产生和传播，为谣言的传播创造无序环境。

（二）加剧了人的异化

新媒体技术及其相关技术的飞速发展加深了对人的影响甚至"控制"，这是一个很大的问题，因为人们会因此失去辨别是非的能力，大量的信息铺天盖地，人们会无法辨别真伪，所以会被虚假信息牵着鼻子走，这也是信息技术发展与人类自我认知的一种矛盾，信息技术发展越成熟，人们更有可能迷失自己，而更多地依赖于新媒体，具体说来包括理解依赖、导向依赖、娱乐依赖。久而久之，人们会潜意识地觉得相信新媒体才是正常的而觉得自己的认识会是错的，对各种信息的需求就逐渐由对媒介本身的需求所替代，媒介由工具转为目的[52]。

1. 文化传播与人的异化

新媒体环境下，由于人们过度地使用新媒体所以也产生了一系列的副作用，比如说陷入一种痴迷的状态，这就好比对一个事物上瘾了一样，很难戒掉，不断反复的恶性循环下去，严重的话，还会造成无法挽回的后果，这种依赖性既表现在生理上，还表现在心理上，不能够忽视这种依赖性造成的严重影响。这就是说，人们在使用新媒体时会产生一种无意识、无抵御的麻痹状态，使疏离于现实的社会生活，会造成实质与情感上的距离[53]。因为人们过度的依赖于新媒体而生存，他们沉迷于虚拟的环境中，在现实生活中不能实现的，他们希望从虚拟中找到，试图从中找到生存的价值和意义，同时也丢失了自己。比如，在一项国外媒体对 1 300 名 iPad 用户的调查显示"1 300 名 iPad 用户中超过一半的人认为宁愿牺牲自己、被车撞、挨打、自残等也不愿意自己的苹果平板电

[52]　景义新. 传统媒体与新媒体融合下的人性化媒介研究：以移动互联网终端 iPad 为例 [M]. 北京：中国社会科学出版社，2015.

[53]　袁琴，何静. 现代新媒体的融合与发展 [M]. 长春：吉林大学出版社，2018.

脑受到伤害，这是一种十分扭曲，十分可怕的现象，还有一部分人表示他们完全离不开平板电脑，有 780 人上厕所所必须要带着平板电脑；273 个人说她们洗澡的时候都要玩，还有将近 300 人表示他们曾在路上玩，以至于撞到别人。有 1 200 人将平板电脑列为随身必带物品，乘坐交通工具时、工作中、就餐等无处不见。可见人们对此的依赖性已经成为一种病态的现象。这样的调查数据显示的结果，有异于平时的教育中所提倡的：安全第一。这与一贯的安全意识是相违背的，一贯以来的安全意识都要求要避开危险、最大限度地保护自己的人生安全。然而，很多人不惜牺牲自己的生命安全或者身体的健康只为换取"iPad 不被摔坏"，这显然是新媒体产品对人的异化产生的负面效应最严重的影响。

2. 新媒体加剧人的异化

新媒体加剧人的异化，这一点是毋庸置疑的。那么什么是人的异化呢？马克思曾经对此有过论述，他说："劳动所生产的对象，即劳动的产品，作为一种异己的存在物，作为不依赖于生产者的力量同劳动相对立。……对对象的占有竟如此表现为异化，以致工人生产的对象越多，他能够占有的对象就越少，而且越受自己的产品即资本的统治"。而人们也在渐渐受新媒体的"统治"。新媒体下的异化主要指的是人与新媒体的主客体关系的改变。新媒体作为依托最先进的科学技术而进行发展的媒体，是迄今为止我们所能接触到的最先进的媒体，之所以最先进，是因为它是最具个性化、最具人性化的媒体，不仅在功能上满足人们需求，在页面设计、用户习惯上都考虑不同用户的个性需求与体验。新媒体的这种转变对文化传播结构与价值需求产生了较大的影响。保罗·文森曾在自己的书中提到人们选择什么样的媒介是有很多的标准的，既要满足自己获取信息的需求，又要满足人类运用这种媒介时的生理诉求，所以说这是很难做到的。换句话说，媒介之所以要受人们的追捧，它就必须具备人性化的特点，可以看那些在新媒体浪潮中幸存下来的媒介，他们都有着自己人性化的特点，这也是媒介未来的一个发展趋向。综上所述，新媒体今天的飞速发展，是人们自己造就的，在造就的同时，也丢失了自己，无法控制自己。

媒介之所以受人们的追捧，是因为，它的存在就是为人们服务的，它延伸人们不能做到的功能，一旦启动它，人们的大脑就无法受控。最终的结果是"就在新媒介诱发的新环境无所不在并且使我们的感知平衡发生变化时，这个新环境也变得看不见了"。新媒体环境下，人们使用智能手机、iPad 等移动新媒体产品追求的就是"无时不在"与"无处不在"的目标，当逐渐增进了对新媒体的依赖，并且这种依赖性达到一定程度，就会导致人的异化。我国规模最大的是手机网民，手机网民的数量也是连续三年持续增长，还有就是手机支付的功能，已经占据了半壁江山。并且有一半多的网民在线下实体店购物时使用手机支付结算。这表明移动互联网与线下经济联系日益紧密，手机支付向线下支付领域的快速渗透，极大丰富了支付场景。可以看到，手机已经不仅仅具有通讯功能，也不仅仅具有娱乐功能，手机同时也拥有了"货币支付"的功能，当然这都是在拥有智能手机的条件下才能实现，过去的非智能手机没有办法实现手机支付的功能。手机"货币"的支付功能，大大方便人们的经济交易活动，释放了人们对于真实货币的使用，避免了假币、零钱找补、携带纸币的繁杂，人们会习惯出门购物时只携带手机而不是实实在在的钱币。手机的支付功能也是新媒体产品人性化的体现之一，事实证明，人们之所以会对这种新媒体上瘾，是因为它满足不同人的多方面诉求，有个性化与人性化的特点。新媒体依存下，人与新媒体的异化现象要比在传统媒体中更为严重。

所以说必须要慎重严肃地考虑新媒体的发展对人类社会的影响，对待新媒体的发展要全面地看待，不能只看到它好的一面，从而失去理性。必须要承认，新媒体的作用的确越来越突出，对人类的帮助也越来越大，但是也应该理性地认识到一个严肃的问题，那就是对新媒体的依赖性，以至于快成为新媒体的奴隶，而失去自我，这不是一种健康的新媒体发展态势，人类社会的发展和新媒体发展之间应该互相推动。不能沦为新媒体的附庸，更不能颠倒人与新媒体的主客体关系。

（三）加剧文化之间的误读

新媒体加剧了文化之间的误读，进而加剧了文化传播中的差异与冲突。当不同的文化进行交流时，因为各自的文化模式和文化背景等因素的差异，文化误读的现象不可避免，尤其在新媒体的作用下，不同文化之间的交流越来越频繁、越来越密切，这就导致文化误读的现象日益增多。但是，文化传播中，不同的文化体系之间应该建立起对彼此间文化意义与价值进行充分理解与分享带来的基础，但是不可避免的文化误读会为这一基础的建立设置一定的障碍。这种障碍会带来意义解读的困惑、心理情感的隔阂、文化身份的疏离，进而使有效的信息传播和文化交流难以达成。这种难以达成的交流障碍加剧了"无意识"的文化误读与"有意识"的文化误读，相应的就是加剧了"文化冲突"现象与"文化霸权"现象。

（四）加剧了文化霸权现象

"文化霸权"是某一国家将一种文化价值观作为标尺来对其他国家强行施

加，在其不自愿的情况下被迫接受。其最终目的是对这些国家进行经济、政治和文化、军事等的制约，最后控制别国事务。西方国家将文化霸权作为一种重要的外交手段，其漂亮的外衣下是一种明目张胆的扩张。伴随着新媒体的发展与进步，使得文化霸权的传播方式更加多元、高效，使得西方文化霸权主义的影响已经变本加厉。

1. 西方文化霸权

文化的发展是一个繁复的过程。文化是不可能独立存在的，它有特定的社会背景、经济状况、政治形态，经济基础决定上层建筑，所以多种因素形成了一定的文化。就好比达尔文发现进化论，如它的书中《物种起源》所介绍的一样，马克思认为："人们首先必须吃、喝、住、穿，然后才能从事政治、科学、艺术、宗教等等"。人类的文化是伴随着人类社会产生发展的，只有先解决生存问题，才有能力解决上层建筑的问题。依照历史唯物主义观，世界上的国家与民族，在历史发展过程中呈现出多元化态势。由于它们采取的政治制度、生产方式存在很大差异，加上自然气候、地理条件的差异，使得不同国家和民族在生产力水平与经济实力上存在不均衡。

以国家的层面出发，经济实力之间的差异往往是造成政治、经济和文化等其他软实力的基础，只有经济发达才有足够的话语权，其中军事实力也是不可忽视的，这些综合实力直接影响着对一个国家或是民族文化的看法。"真理永远在大炮的射程范围之内"，这句霸权主义的名言一样可以用在文化霸权的概念上。普世价值观是发达的西方国家的一种价值观念，也想通过不同的手段与方法获得世界文化格局的主导地位。这是大部分人们所共同认为的。还有学者认为西方依靠自己强有力的经济和政治影响力，企图通过文化渗透的方式在整个世界获取主导地位，比如美国通过娱乐文化的方式在全世界输出自己的价值观念，影响世界格局以及他国内部事务的发展过程就是西方文化霸权推行的过程，其实质是在文化掩盖下争夺世界政治、经济主导权的斗争。这都无形中导致了文化霸权的滋生，新媒体也为这种文化霸权提供了良好的传播环境，使得这种文化霸权越来越高效。

2. 西方借助新媒体传播行使文化霸权

新媒体依托新科技和数字技术，是一种新兴的媒体形态，数字杂志、数字报纸等都属于新媒体，新媒体较传统媒体来说，不受时间、地域等的限制，并且具有使用方便，易携带的优点，可谓是媒体行业的一次革命性颠覆。伴随着经济全球化的加快与后冷战时代的到来，西方把文化输出作为一种武器，加大对西方文化的传播力度，西方文化中心论的论调呈现强化的态势，在这个过程中，新媒体的出现与推广起到了推波助澜的重要作用。关于文化功能与文化价值的作用，马克思主义的观点是："文化的功能是与文化的价值联系在一起的，体现文化在社会存在和发展中的作用。"而西方利用新媒体强大的文化功能将新媒体与的价值观捆绑在一起，成为对外文化侵略的重要工具。

通过新媒体，西方国家大肆通过文化侵略、文化渗透来干涉别国事务。在2009年的伊朗大选中，美国为了在伊朗制造"颜色革命"支持在初选中失利的"改革派"，便利用 Twitter，Facebook，Youtube 等社交平台传播各种不实信息，大肆挑拨伊朗不同派系的人民之间的关系，从而巩固他们的传播谣言，伊朗最后造成惨烈的流血事件，在这场外国的政治争夺战之中，美国采用了多种方法，对包括 Twitter 在内的社交网站的控制，以保证它在伊朗的"业务"能持续开展。

新媒体作为科技的产物，自然为西方国家的文化侵略提供更好的服务，大大提升了西方世界行使文化霸权的效率、水平和效果。对现代传媒的垄断使得西方文化在运用文化霸权这个"软刀子"时更加得心应手、事半功倍。西方国家依仗其雄厚的经济实力和国际地位对全球文化的传播进行阻挠，也基本垄断了全球文化的话语权。西方四大通讯社每天向全市各地播放的新闻量是国际新闻总量的80%，这其中仅有不足30%是有关发展中国家的，可见其在新闻业中绝对的垄断地位。进入新媒体时代，西方文化得到了更加高效、快捷、直观的平台，使得它们在推行文化霸权的时候拥有更大的优势。美国向世界所输出的文化已经有很大的份额，有数据表明，加拿大95%和93%的市场份额分别是美国电影和美剧。

此外，英文节目、书刊分别占据75%和80%。还好加拿大已经发现了这个问题，并采取措施去解决。西方国家将全世界大部分国家的媒体发言权牢牢地掌空在自己手中，这就为西方国家施行新时代的霸权提供了沃土。本着"谎话说一千遍就会变成真理"的态度，利用新媒体这个有力工具，西方国家在推行文化霸权方面更加得心应手、高质高效。

葛兰西认为，霸权的实现是赢得价值共识的过程。文化强势的西方国家，通过新媒体加大对世界其他国家的文化输出，一方面得到巨额的利润回报，为政治制度、经济文化的进一步发展奠定基础，另一方面，通过新媒体平台的推广与文化信息的加工处理，使得西方文化以一种更加隐蔽的手段输出，而不易遭到抵制[54]。例如，好莱坞拍摄的电影大片，让其他国家和地区的观众领略到的，绝不仅仅是美轮美奂的西方建筑风格、金发碧眼的帅哥美女、眼花缭乱的异国

---

[54]　张谨. 文化霸权的表现形式及其应对 [J]. 天府新论，2011（06）：114-117.

风情、出神入化的特效设计，而是在精彩的人物对话中的言谈举止、生活方式、思考方式、价值观等各个方面都多多少少地受到了影响。而且这种影响随着人们年龄的增加、阅历的增多而历久弥新，在不知不觉中对这些观众的人生观、价值观产生不可磨灭的影响。更重要的是，西方文化通过新媒体的技术加工，使得文化渗透变得无处不在、无孔不入，其他国家在抵制文化霸权上的成本与难度日益增加。

文化霸权主义是新媒体迅猛发展的过程中最为严重的一个负面影响，一方面，我们享受着高科技带来的便利，不用出门就可以感受外来文化，尤其是西方发达国家的文化，人与人之间的交流日益加深，世界逐渐成了一个地球村。但另一方面，我们要警惕未来某一天所接受的文化又变成一样的，这些文化都是来自主导新媒体技术的那些国家的文化，不再具有多样化，所有的文化都被西方文化同化的事实。最具有代表性的就是美国的文化，现在大多数的国家都受到了来自美国文化的冲击。当然这种情况的原因也不是单一的，有两个原因是不能忽视的，一个是以美国为首的发达国家占据了新媒体技术的制高点，另一个是英语已经变成了国际通用的语言。关于第一个原因是大家都看到的，美国的微软公司的操作系统引领者世界潮流，而且独一无二，所以他们能够率先掌握信息，传播信息，进行文化输出。语言的优势，也是不言而喻的，虽然互联网系统支持多种语言，但英语依然是主流，也是唯一通用的语言，语言是文化传播的一把利剑，它代表着一个民族的价值观念等。所以说新媒体的发展会造成文化渗透，形成文化霸权，影响世界的政治经济格局，破坏文化的多样性。这样的文化霸权是不可避免的，但也是必须要加以警惕和积极应对的。

第三节　新媒体时代世界主要文化思潮

一、依靠新媒体的文化帝国主义

文化帝国主义（Cultural Imperialism）最初是指在许多殖民地国家获得民族独立的背景下，帝国主义的扩张战略由以军事手段和直接的殖民统治为主，转向以经济和文化控制为主。先进的科学技术和发达的国民教育是他们的利器，企图将这种一国的文化优势变成世界性的文化优势是他们的目标，文化帝国主义是现代帝国主义总过程的一部分。学者H.I.席勒（Herbert Schiller）在他1976年出版的《传播与文化控制》一书中强调，美国所有的传播方式，从电视节目到媒体科技，甚至教育类方案都是文化帝国主义的体现。而另一位学者迈耶（Meyer）则从新闻流动的角度考察了文化帝国主义现象，他的量化研究发现，若干非洲与拉丁美洲国家的日报对国际时事的报道大量信赖西方的通信机构所提供的新闻作为消息来源。信息与进行信息传播的能力是一个国家或集团的无形资源，表面上媒体的信息生产是公开的，但其背后的控制者是隐藏的。信息产品的文化含量高，通过信息产品的传播来实现文化的扩张是非常便捷的。

随着网络与新媒体的普及，西方帝国主义国家对他国的文化侵略在广度和深度上有所扩张和延伸，尤其是智能手机、平板电脑和其他电子设备的风行更加大了文化入侵的风险。截至 2020 年，全球前五名互联网公司全部位于美国，分别是苹果、谷哥、微软、Facebook、亚马逊，但是它们绝大多数的在线访问者在美国之外的地区。《数字帝国主义：互联网时代的文化入侵》一文的作者瓦舍克（Bill Wasik）曾提到 2015 年泰国流行起了一阵"胸部自拍"风潮，泰国本地和外来的女子纷纷在网上发布这种自拍照。泰国文化和旅游部因此发布了一份不同寻常的声明，警告分享类似照片的行为触犯了该国 2007 年生效的《计算机犯罪法案》，违法者可能面临五年监狱徒刑。"胸部自拍"代表了一种截然不同的文化入侵形式。文化帝国主义或许可以称为数字帝国主义，因为其价值观的传播是凭借当地人能够使用的网络社交工具进行的。

二、新媒体的全球化与后现代思潮的蔓延

文化帝国主义发展到一定阶段转变成了文化的全球化，这种后现代现象呈现了当代文化的最终选择，卡林内斯库指出："恶魔现代性已寿终正寝，它的葬礼乃狂野欢庆的时刻。""后"在极短时间里成为人们喜爱的词。后现代思潮在美国发展得如火如荼，对于资本主义发展的问题，从内部因素来看，它对全球造成了不可忽视的冲击力；同时它也为中国学者进入后现代建造了一个方便有效的平台。"后"一般是通俗文化的象征，由于被烙上了国际文化形式的因素，它被认为是对新殖民主义或文化帝国主义的不屑，更为贴切地说，它是对新殖民主义或文化帝国主义的盲目跟风。国际化和商品化是后现代文化重要的特征。在新媒体强大的推力下，文化工业以一种更加大众化的方式进行批量生产和机械复制，最终成为政策保护和激励的对象。

第四节　新媒体时代文化传播的策略探讨

迄今为止，新媒体是最好的文化传播媒介，具有的及时性、互动性、开放性大众性、丰富性等特点，能有效地突破信息时间障碍、空间障碍的优势，最大限度地提供了文化之间的交流、传播。在有效利用新媒体的一系列优势提高文化的传播力的同时也要谨防西方文化霸权对于我国文化的渗透，对于文化之间的交流传播要做到"各美其美，美人之美；美美与共，天下大同"。在当今我国多元文化的格局中主，我国的主导文化是中国特色社会主义文化，决定了我国文化性质和文化发展方向。因此，必须善于利用这种新形式的推动工具和推动力量，将具有中国特色的中华民族文化推向世界，增加中国文化在全球的影响力，打造自己的民族品牌，走出一条具有时代特色的中国特色的社会主义文化道路。

一、加强新媒体管理

新媒体的快速发展与使用，的确给人们带来了诸多好处，但是新媒体的出现也带来了各种问题与各种弊端，比如手机传播秩序杂乱，规范性不强；网络帝国主义现象严重；文化霸权现象使得文化发展不平衡等这些社会问题有碍于文化传播的健康发展。只能从不同层级的管理上去规范行为、督促自律，新媒体才能更好为我国文化的传承与发展做出有力的贡献。

（一）国家管理

在传统媒体时代，党和政府主办的媒体是党和政府的宣传阵地，必须姓党；但是在信息时代，却有不少人天真地认为，新媒体只是一种通信工具或娱乐手段，不需要加以管理和引导；有人认为新媒体上面的声音和见解太多，太杂，完全看不过来，就索性关掉……这些对新媒体采取不闻不问或放任自流的态度，会造成当今信息时代背景下，党和政府的新闻舆论工作无法开展，我国的党管媒体的原则就会被空，新媒体这块新的思想文化阵地就会丢失，我国在意识形态的领导权、管理权和话语权就会消弱甚至丧失，各族人民人心也形如散沙，社会主义建设事业更将会是一句空谈。

掌握宣传思想工作的主动权，首先要掌握领导权，才能进一步提高舆论引导能力。党管新媒体的原则，就是要做到讲导向不含糊、抓导向不放松，引导媒体忠实履行党和人民的喉舌功能。当前，舆论引导领域的情况复杂、任务繁重，越是如此，越要高度重视，投入更大的精力，以强烈的责任感和担当精神，管好阵地、管好导向、管好队伍，牢牢掌控舆论工作的领导权。将意识形态工作的领导权、管理权、话语权牢牢掌握在手中，否则就要犯无可挽回的历史性错误。因此，对新媒体的管理和引导，首先必须要坚持党管新媒体的原则坚决不能变。

（二）政府管理

从管理主体来说，目前我国政府参与互联网的部门众多，如信息产业部、国务院信息化办公室、国家新闻出版广电总局。2011 年 5 月，我国成立了国家互联网信息办公室，虽然我国的互联网监管已经有了一定的规模，力度也较大，但仍然存在许多不足。在新媒体环境下，应该倡导在现有的网络监管体系的基础上引入网络治理理念。制定新媒体管理条例和自律规章，营造新媒体健康运行的环境[55]。

（三）法制管理

新媒体技术的无形和无孔不入的特点给我们带来了新的网络安全问题和版权问题，因此法制管理工作就应该跟上新媒体的发展。具体的措施就是：一是将新媒体落实到法律法规中，利用法律手段来规范新媒体的发展，不仅要制定法律，还要出台细则。二是要依法执法、遵法，解释法律的时候要与实际情况相结合，将他们推广到新媒体上，让企业、使用新媒体的人自觉的养成遵守新媒体使用中涉及的各项法律、法规的意识；三是加大对新媒体的执法力度，对违法行为应提高执法效率，让执法对违法行为带来积极效用。

（四）行业和企业管理

新媒体行业、企业的管理，主要是企业间的行业自律、企业对用户的管理。行业自律可以通过企业间规范舆论环境，规范行业竞争的自律，签订行业自律公约等来实现，可以通过新媒体行业中管理较完善、合理的企业牵头带动其他企业一同制定和遵守行业自律公约等。企业对用户的管理，就是要加强对新媒体的安全技术与管理技术，通过技术手段来抵制新媒体传播中不良信息的传播，例如传播中对于每一个客户隐私的保护，解决传播信息中不良的"谣言"问题。

---

[55]　谭天. 新媒体新论 [M]. 广州：暨南大学出版社，2013.

二、利用新媒体传承和发展中华文化

我国有 5000 多年历史文明，历史文化悠久，拥有自成一脉的文化体系，这一体系中有很多优秀的文化因素，不管时代怎样变迁，我们都要做中国优秀传统文化的继承人，不可废弃。我们不仅要吸收外来文化的精髓，也应传承我国的优秀文化传统，这样才能长久有效地提高我国文化传播的影响力，提高我国文化的软实力[56]。

（一）利用新媒体传承我国优秀传统文化

随着文化传播速度的加快，国家和地区之间的文化必然会产生共享与融合，而在这一融合过程中，以本地区、本民族的文化为发展潮流中的主要文化，与外来的文化共同存在，共同发展的行为，称之为文化发展的多元化。各国家，各民族文化之间的关系是既对立又统一的。各国家、各民族文化发展的过程正是矛盾发展的过程，而在这个漫长的过程中，各民族、各国家不同文化的交流与融合中不断对立与统一造就了文化发展中的文化多元化，只有优秀的传统文化才能在慢慢历史长河中继承和发展。

在文化传播多元化的过程中，新媒体充当着纽带与桥梁的角色，互联网以及相关媒体传播媒介的传播优越性，使得文化多元化过程中已经不存在地域、时间等因素的限制，这是文化向着多元化的方向发展的先行条件，毫不夸张地说，新媒体技术若不曾发展，文化多元化的进程是不会如此之快。

文化发展中所萌生出来的文化创意、文化发行以及将抽象的文化演变成具象的文化作品，这些都需要新媒体技术来提供技术支撑，例如当下的 3D 电影市场，3D 电影的制作大量运用了新媒体数字技术，旨在给人以逼真的视觉效果，例如，2016 年上映的中国传统文化色彩十分浓郁的《大鱼海棠》。该片的灵感来源于庄子的《逍遥游》，片中的庄子的生命哲学、人物思想、人物形象、传统服饰、客家土楼、传统灯笼、中国红色彩等时时体现出浓郁的中国元素，利用 3D 技术的效果让观众犹如身临其境，对这些中国元素的印象更为深刻。此外，该影片获得了众多国内外大奖，例如第十六届上海电视电影节"最佳创意奖"、第十四届韩国首尔国际动漫节"最佳技术奖"、亚洲青年动漫节"最受观众欢迎奖"……可以看到，这是由于新媒体的"数字电影"在中国传统元素上的成功的展示而收获到的奖项。数字技术的运用让人们可以更直接，更立体的感受文化，发自内心的热爱传统文化。通过这样的应用，不难发现娴熟的使用新媒体技术，可以让文化的价值得到最有效的凸显，能激发人们对传统文化的了解，

[56] 孟冬 . 财经政策推动广电改革发展 [J]. 中国广播电视学刊，2015（09）：15-17.

同时更能大幅度地提升文化的创新能力。继而更好地进行优秀传统文化的传承，提高我国优秀文化传播的影响力。

合理科学地使用新媒体资源，让它成为传统文化传承的重要载体[57]。尤其是新媒体的智能化功能，在日常生活中已经运用的十分的广泛，例如，电子信息资源的便捷性、存储量大的特点，可以在新媒体上搜索到有地方特色与历史特色的书籍，可以通过音频与视频的播放感受到原生态的优秀文化的真实情景，可以通过新媒体资源搜索到优秀民族特色建筑的图像，这些都是电子数字信息的智能化功能。当你有需要了解或者研究某项传统民族文化，并且条件不允许的时候，只要点击搜索就能搜索到需要的信息。

不但如此，电子数字信息的智能化功能，为有关传统民族文化的宣传效果起到了巨大的效用，进行传统文化宣传的相关人员可以利用新媒体进行声情并茂的宣传教育，让受教育者身临其境、感同身受，能让受教育者真实、完整的体会传统文化，宣传教育的效果当然就更好。

合理科学的利用新媒体的资源，不仅使人们的生活更加便利与智能化，而且还能大大地降低文化运行中的成本，节省的开支可以更好地发展文化事业。

（二）利用新媒体力量加快我国文化发展

中国文化历史悠久、博大精深，是我国人民勤劳与智慧的凝结，在历史的长河中，早已经与我们的血脉紧密相连，随着新媒体技术的不断进步，以及国家之间交流的不断促进，中国文化成了一种民族精神的象征，对全世界产生着深远的影响。新媒体工具手段的进步使得世界的距离在不断缩短，世界的交流越来越密切，在手机微信、微博等新媒体交流平台的每一次转发与分享都是文化传播的一次推动与融合，必须善于利用这种新形式的推动工具和推动力量，将具有中国特色的中华民族文化推向世界，提升我国文化传播的国际影响力，塑造具有中国特色社会主义的国家文化品牌形象。

1.转变文化传播观念

随着新媒体的迅猛发展，文化传播的主体、文化传播的内容形式、受众接触和接受信息的行为和心理都已发生了重大的变化，新媒体的市场份额和社会影响日益增加。新媒体由于其技术上的优势，必将成为文化传播重要的平台和渠道。要顺应这种新媒体的发展趋势和文化传播的发展形势，认识到这种形势对文化传播的影响，确立文化传播的新理念、新战略、新思路。

---

[57]　郑峰. 高校民族传统体育的开展与课程体系构建研究[J]. 中国成人教育，2014（10）：144-146.

2. 打造传统文化传播多元主体

习近平同志指出，提高国家文化软实力，应"综合运用大众传播、群体传播、人际传播等多种方式展示中华文化魅力"。历史上，传统文化的内容生产再生产是由精英知识分子通过著书立说、授课讲学等方式进行的，产品生产则局限在专业的工匠和手艺人群体，很大程度上讲是一种精英化、小众化的"职业生产"。在传统媒体时代，文化内容生产的技术门槛依然很高，如电视节目制作需要专业的摄录、剪辑和播出等设备，技术专业性强、流程环节多、制作成本高，没有充足的人财物支撑很难涉足其中。相对单一的传播主体不能适应大众传播时代的现实需求，制约了传统文化的传承传播。而借助新媒体力量，传统文化生产可以扩展到整个社会的层面，形成职业生产与用户生产共同发力的格局，实现传播主体的多元化拓展。新媒体消解了文化传播的技术壁垒，降低了传播参与者的门槛，丰富多样的媒介载体，特别是自媒体的出现，极大地扩大、丰富了内容生产主体，专家学者、文化和教育工作者、民间艺人以及普通传统文化爱好者等群体都可以参与内容的生产和传播。同时，受市场和政策激励，专业文化机构和社交平台也纷纷抢滩文化传播阵地，成为传统文化传播的生力军。

此外，传统媒体的传播是单方向、直线式的传播，受众接收信息后传播活动基本结束。但在新媒体传播中，受众不再被动地接收信息，可以及时进行反馈，并作为传播节点能动地进行转发、分享，实现信息的二次发布，具备了信息发布者和接收者的双重身份。以传统文化的短视频传播为例，与广播、电视等传统媒体相比，短视频的技术难度不高，制作成本极低。在"抖音""快手"等短视频平台，普通群众也可以轻松成为视频内容创作者，为传统文化的传播提供了崭新的渠道。

3. 充分利用现有的全球知名新媒体平台

目前，媒体企业可以借助知名平台的影响力来扩大文化传播的覆盖面和影响力。只要通过这些大平台上传递符合相对应的信息，传播的内容更符合受众的需求，与受众进行更加密切的交流互动，也能不断地提升我国文化传播的影响力。

新媒体企业应多举办一些线下的体验宣传活动，有利于新媒体在文化传播领域影响力的提升。如在国外举办一些培训班、讲座、交流会等活动让海外受众更多地了解我国的新媒体产品，让海外受众更多的关注我国的新媒体，壮大文化贸易，从而达到更快速地文化传播。

三、运用马克思主义指导新媒体文化传播

中共党的十八届三中全会中有关于深化改革的文化方向时指出：要从大国变成强国，除了提高经济实力，科学技术水平，还要注重文化软实力，努力打造社会主义文化，继承和发展中华民族优秀文化，促进社会主义文化的大发展大繁荣，这次会议还指出要坚持社会主义文化的前进方向，除了要践行社会主义核心价值观，还要坚持党的领导地位不动摇，坚定地走社会主义道路。这实际上为我们提出了建设社会主义先进文化的根本任务、基本原则、具体的路线方针与政策。但同时我们应尊重不同文化之间的差异性、包容文化的多样性，进行具有中国特色社会主义的文化创新[58]。

（一）辩证处理新媒体与传统媒体的关系

在新媒体迅猛发展的今天，虽然新媒体取代传统媒体的主导地位，但是应该正确认识传统媒体与新媒体之间的辩证关系，理性对待新媒体，用发展的眼光看待传统媒体，促进新媒体与传统媒体之间的优势互补、共同发展。

首先，新媒体对传统媒体既产生了积极影响，也产生了消极影响。新媒体对传统媒体的积极影响主要表现在"阵地意思的增强和传播理念的更新"，比如创新的传播方式使得传播渠道变得灵活多样，版面"无线"的特点使得传播的内容变得丰富，传播因为随时随地共享的特点变得高效及时。同时，新媒体也给传统媒体带来了消极的影响，主要是新媒体从传统媒体那里分流了大部分受众，使得传统媒体行业的盈利急剧减少，阻碍了传统媒体的发展。

其次，传统媒体对新媒体的发展做出了积极贡献，比如在手机新闻客户端搜索到的极大一部分新闻来自传统的纸媒报道，传统媒体在传播的正确度、规范度上给新媒体提供了良好的榜样，使得新媒体的信息的真实度、可信度更高。所以传统媒体并没有在新媒体的迅猛发展下消失、消亡，也不是新媒体完全替代传统媒体而发展，而是两种媒体相互影响、优势互补、共同发展，所以要继续走"媒体融合"的路线，不能"舍弃传统媒体，只发展新媒体"，也不能"阻止新媒体的发展，让传统媒体更好的发展"，而是要走"传统媒体与新媒体融合发展"的道路，这样不仅保证新媒体的发展能稳定有序地开展，同时也能促使传统媒体发展更高效。

（二）合理利用新媒体促进人的全面发展

马克思、恩格斯将人的实践活动解释为一种创造性活动，这种创造性活动

---

[58]　樊颜丽．基于供给侧改革的文化产业发展模式研究[M]．北京：中国商业出版社，2019．

带来的是文化的创新与发展。这是理论向实践的转化中，文化是人所特有的，人们在改造自然的实践活动中创造了文化，这也是人与动物的实质性区别之一。实践的过程中，人们也得到了自由而全面的发展。

就如马克思和恩格斯预言："代替那存在着阶级和阶级对立的资产阶级旧社会的，将是这样一个联合体，在那里每个人的自由发展是一切人的自由发展的条件。"马克思还认为，全面发展自己是每一个人都必须做到的。当然，人的这种全面发展程度受整个人类社会发展程度的制约。因此，人的全面发展既受到社会历史条件的制约，同时也是伴随着社会的发展而发展的。在新媒体环境下，使人类的交往范围扩大、文化传播的内容丰富、人与人之间交流的效能提升，同时要注意克服由新媒体的发展带来的人的异化的现象。首先，教育部门要做好大中小学学生的各项教育至关重要，要对学生进行正确价值观的引导，教育学生正确地对待网络，了解沉迷网络带来的危害。其次，宣传机构要进一步发挥网络媒体和各种宣传机构的监督及宣传作用，进行正确的舆论导向。最后，社会各方应建立互补的克服新媒体环境下人的异化现象的机制，适当的多增加线下的交流活动。

（三）强化马克思主义在新媒体文化传播中的主导地位

不同时代的哲学家们曾以各自的理论方式解释时代的互联与交往，构想人类普遍和谐交往，达到人类社会自由的境界。然而，马克思主义科学世界观诞生之前还不能完整的解释互联与交往的程度，更不能完整的得到人类理想社会的发展境界。马克思主义科学完整揭示了自然、人类社会、思维在内的整个世界的普遍联系，指出任何事物都是世界普遍联系中的一个环节。它用辩证法看待世间万事万物的关系。任何事物都是世界普遍联系中的一个环节。

正如恩格斯所说："当我们深思熟虑地考察自然界或人类历史或我们自己精神的时候，首先呈现在我们眼前的，是一副由种种联系和相互作用无穷无尽地交织起来的画面"。世界就是一个联系的整体，要想探知万事万物，必须先知晓它周边事物的联系。可以说马克思主义文化观是社会主义文化的根本、活的灵魂。在文化建设的过程中都应坚持马克思主义文化观的主导地位与指导地位。也只有这样，才能在错综复杂的文化环境中明辨是非、明确方向、把握根本，才能更好地进行当代的文化建设。

当下新媒体的发展使得人与人之间的交流互动越发频繁、交往的方式、手段、程度不断拓展深化以及马克思主义的不断发展，使得新媒体与马克思主义的内在联系显现出来，这就要求我们要坚持和强化马克思主义在新媒体环境下文化传播中的主导地位。具体说来，就是要办好各类党委政府网站与新媒体平台、培养各领域重点网站与新媒体平台、全面提升新闻媒体网站与移动端平台的水平，建立起一套完善高效的思想舆论引导体系，只有这样才能保证党的宣传思想工作的顺利展开。

参考文献

一、著作

[1] 汪长喜．信息技术与信息学竞赛 [M]．北京：清华大学出版社，2008．

[2] 钱玉民，宋黎．手机电视／移动多媒体发展现状与专项技术研究 [M]．北京：中国计量出版社，2010．

[3] 宫承波，翁立伟．新媒体产业论 [M]．北京：中国广播电视出版社，2010．

[4] 李淮芝，蔡元．新媒体的数字化生存与发展 [M]．北京：测绘出版社，2011．

[5] 习哲馨．电子银行业务营销技巧与案例分析 [M]．北京：清华大学出版社，2012．

[6] 周滢．内容平台：重构媒体运营的新力量 [M]．北京：中国传媒大学出版社，2012．

[7] 周小华，等．基于新媒体技术的马克思主义传播 [M]．北京：国家行政学院出版社，2012．

[8] 陈国青，王刊良，郭迅华，等．新兴电子商务．参与者行为 [M]．北京：清华大学出版社，2013．

[9] 鲁威人．体育传播学 [M]．北京：清华大学出版社，2013．

[10] 谭天．新媒体新论 [M]．广州：暨南大学出版社，2013．

[11] 汪淼．传播研究的心理学传统 [M]．桂林：广西师范大学出版社，2014．

[12] 方玲玲，韦文杰．新媒体与社会变迁 [M]．上海：复旦大学出版社，2014．

[13] 田彬华，赵荣．中西文化概论 [M]．北京：对外经济贸易大学出版社，2014．

[14] 曾来海．新媒体概论 [M]．南京：南京师范大学出版社，2015．

[15] 景义新．传统媒体与新媒体融合下的人性化媒介研究：以移动互联网终端 iPad 为例 [M]．北京：中国社会科学出版社，2015．

[16] 唐润华，等．中国媒体国际传播能力建设策略 [M]．北京：新华出版社，2015．

[17] 严冰，单从凯．数字化学习资源 [M]．北京：中央广播电视大学出版社，2015．

[18] 彭兰．社会化媒体：理论与实践解析 [M]．北京：中国人民大学出版社，

2015.

[19] 胡惠林 . 国家文化安全学 [M]. 北京：清华大学出版社，2016.

[20] 殷俊，邓若伊 . 新媒体与文化艺术产业 [M]. 上海：复旦大学出版社，
2016.

[21] 张莉，等 . 新媒体视野下的大众文化传播 [M]. 成都：四川大学出版社，
2016.

[22] 戴赛鹰 . 引爆新媒体企业社群运营模式 [M]. 广州：广东经济出版社，
2016.

[23] 周建明，刘畅 . 文化生态保护区理论与实践 [M]. 北京：中国建筑工业出
版社，2016.

[24] 刘小华，黄洪 . 互联网＋新媒体：全方位解读新媒体运营模式 [M]. 北京：
中国经济出版社，2016.

[25] 谭云明 . 新媒体策划运营与舆情应对 [M]. 北京：中国经济出版社，2016.

[26] 夏雪峰 . 全网营销：网络营销推广布局、运营与实战 [M]. 北京：电子工
业出版社，2017.

[27] 付聪，左旼 . 新媒体文化传播与出版 [M]. 石家庄：河北科学技术出版社，
2017.

[28] 胡邦宁，蓝昊 . 高校共青团组织网络新媒体运营机制研究 [M]. 南昌：江
西科学技术出版社，2017.

[29] 王辉，陈亮 . 新媒体时代群众文化 [M]. 沈阳：东北大学出版社，2017.

[30] 张基温，张展赫 . 新媒体导论 [M]. 北京：清华大学出版社，2017.

[31] 刘珊 . 大数据与新媒体运营 [M]. 北京：中国传媒大学出版社，2017.

[32] 张三夕 . 媒介与历史：文化传播学读书报告集 [M]. 广州：广东世界图书
出版有限公司，2017.

[33] 薛可 . 新媒体：传播新生态构建 [M]. 上海：上海交通大学出版社，2017.

[34] 范玉洁，陈艳梅 . 新媒体时代设计艺术与文化研究 [M]. 西安：西北工业
大学出版社，2018.

[35] 邓丽，易路博 . 新媒体运营 [M]. 重庆：重庆大学出版社，2018.

[36] 褚玉晶 . 新闻采编与职业能力培养研究 [M]. 西安：世界图书出版西安有
限公司，2018.

[37] 强荧，焦雨虹 . 上海传媒发展报告：2018 网络生态治理与建设 [M]. 北京：
社会科学文献出版社，2018.

[38] 谭前进，郭城 . 新媒体运营的理论与实操 [M]. 南京：东南大学出版社，

2018.

[39] 肖珺．新媒体跨文化传播的中国实践研究［M］．北京：中国社会科学出版社，2018.

[40] 张含．新媒体环境下中国电视文化节目的发展路径探究［M］．长春：东北师范大学出版社，2019.

[41] 樊颜丽．基于供给侧改革的文化产业发展模式研究［M］．北京：中国商业出版社，2019.

[42] 王玉．新媒体认知与运营研究［M］．北京：中国原子能出版社，2019.

[43] 孙庚．新媒体环境下跨文化适应性的传播学研究［M］．北京：北京交通大学出版社，2019.

二、期刊

[44] 解学芳．基于科技创新的文化产业发展脉络研究［J］．科技进步与对策，2008（11）：88-90.

[45] 王东熙．论新媒体之"新"——从传播模式角度谈新媒体的分类和定义［J］．东南传播，2009（05）：25-27.

[46] 刘兴亮．微博的传播机制及未来发展思考［J］．新闻与写作，2010（03）：43-46.

[47] 雷欣蔚．现实题材电视剧的"热播"解析［J］．新闻爱好者，2010（07）：86-87.

[48] 金晶．新媒体传播的认识与探知［J］．发展，2011（04）：105-106.

[49] 张谨．文化霸权的表现形式及其应对［J］．天府新论，2011（06）：114-117.

[50] 丁玲．新媒体时代受众心理特征分析［J］．新闻传播，2012（11）：28.

[51] 国务院发展研究中心公共管理与人力资源研究所"国外智库管理体系研究"课题组，王佩亨，李国强，等．注重提升影响力的英国智库［J］．管理观察，2013（28）：18-23.

[52] 王玉珠，唐潇．发挥新媒体功能　塑造新校园文化——高校校园文化建设的策略［J］．新闻窗，2013（03）：16-17.

[53] 陈茁．从叙事学角度探索党报经济新闻发展方向［J］．中国记者，2013（02）：84－85.

[54] 王建英，高敏．微博传播机制下公民新闻发展利弊分析与思考［J］．太原师范学院学报（社会科学版），2014，13（01）：11-14.

[55] 彭莹辉，刘立成，叶梦姝，等．气象信息传播参与社会管理的路径分析

[J]. 阅江学刊, 2014, 6 (06): 28-33.

[56] 郑峰. 高校民族传统体育的开展与课程体系构建研究 [J]. 中国成人教育, 2014 (10): 144-146.

[57] 刘晓. 新媒体的社会影响及控制研究 [J]. 视听, 2015 (09): 125-126.

[58] 袁峤. "牵手" 同行: 略论新旧媒体融合之道 [J]. 传媒观察, 2015 (08): 18-19.

[59] 张颖. 新传播环境下我国传媒业转型升级之道 [J]. 新闻世界, 2015 (05): 8-9.

[60] 李志坤. 新媒体时代下电视媒体发展新思路 [J]. 西部广播电视, 2015 (13): 22-23.

[61] 孟冬. 财经政策推动广电改革发展 [J]. 中国广播电视学刊, 2015 (09): 15-17.

[62] 彭兰. 从依赖 "传媒" 到依赖 "人媒" ——社会化媒体时代的营销变革 [J]. 杭州师范大学学报 (社会科学版), 2015, 37 (05): 105-110.

[63] 麻晶晶. 新媒体在突发事件网络报道中的力量——以微信 "7·22" 甘肃岷县救灾报道为例 [J]. 新闻研究导刊, 2016, 7 (05): 6-7.

[64] 胡睿, 孙鑫淼. 基于用户思维的优化: 原生系移动新闻客户端运营解析 [J]. 新闻界, 2016 (06): 43-48.

[65] 吴宇燕. "FB 表情包大战" 中符号意义的表达与实现 [J]. 今传媒, 2017, 25 (07): 67-68.

[66] 王瑜. 作为跨文化面具的网络表情符号分析——傅园慧 "表情包" 背后 [J]. 西部广播电视, 2017 (08): 1-2.

[67] 毛志钊. 浅谈新媒体环境下的视觉传达 [J]. 科技资讯, 2017, 15 (11): 250-251.

[68] 李文盛. 思想政治教育进程中的强化理论应用 [J]. 南方论刊, 2017 (02): 110-112.

[69] 朱燕. 电商精准扶贫——互联网＋农业背景下的扶贫新路径 [J]. 经济研究参考, 2017 (16): 76-82.

[70] 张海志. 从新媒体文化特征看新媒体发展 [J]. 电视指南, 2017 (11): 136.

[71] 徐燕. 试析新媒体文化的建设路径 [J]. 法制与社会, 2017 (11): 177-178.

[72] 谢媛, 李本乾. 改革开放 40 年: 西北地区传媒业的发展与突破之路 [J].

甘肃社会科学，2018（05）：40-45.

[73] 刘强．类型融合、叙事策略与"工业务实"——"电影工业美学"视域下的《建军大业》研究 [J]．电影新作，2018（04）：55-62.

[74] 郑红明，马斌，陈宇琨．基于大数据应用的自媒体运营分析 [J]．合作经济与科技，2018（12）：121-123.

[75] 邹雅云．新媒体视域下文化传播的机遇与发展探索 [J]．电视指南，2018（14）：128.

[76] 关宇航．分析新媒体对文化传播力的影响与提升 [J]．传媒论坛，2018，1（17）：61-63.

[77] 唐见．新媒体视域下地方电视台营利路径新探 [J]．新闻前哨，2018（09）：71-73.

[78] 王昊．新媒体时代文化传播力提升路径与对策研究 [J]．人文天下，2019（03）：65-71.

[79] 李月珍．"一带一路"倡议背景下新媒体助推影视文化的传播策略研究 [J]．科技传播，2019，11（12）：167-169.

[80] 李文博．新媒体时代传统媒体的自新之路 [J]．中国储运，2019（01）：120-122.

[81] 刘树飞．大数据技术在新媒体传播中的应用 [J]．电子技术与软件工程，2019（19）：146-147.

[82] 秋红．新媒体对传统文化传播的影响 [J]．传播力研究，2019，3（09）：30.

[83] 崔畅．新媒体文化发展需以社会主义核心价值观为引领 [J]．才智，2019（12）：168.

[84] 何敬业，蒋红玲．论互联网时代下的新媒体对文化传播力的嬗变与发展 [J]．黑河学院学报，2019，10（05）：165-195.

[85] 林玉瑾，易广．新媒体环境下大学生社会主义核心价值观话语体系的创新 [J]．文化创新比较研究，2019，3（04）：87-168.

[86] 李育荐．媒体应用策划在新媒体行业运营中发挥的作用 [J]．营销界，2020（30）：41-42.

[87] 段康．论新媒体受众的特点及其对内容生产与运营的影响 [J]．中外企业家，2020（20）：253.

[88] 肖静．基于微信公众平台的新媒体运营分析 [J]．新闻研究导刊，2020，11（13）：242-243.

[89] 原林．新媒体内容运营中的风险和管控 [J]．科技传播，2020，12（13）：

136-137.

[90] 张思雪．浅析新媒体文化传播与实践 [J]．中国有线电视，2020（05）：553-555.

[91] 刘玉峰．基于新媒体时代下传统媒体的有效变革 [J]．传媒论坛，2020，3（11）：44.

[92] 张小平，蔡惠福．新传播格局下受众理论的重思与重建 [J]．传媒观察，2020（02）：12-21.

[93] 金燊．传统媒体与新媒体融合发展的研究 [J]．传媒论坛，2020，3（18）：47.

[94] 薛桂艳．浅谈新媒体运营中内容运营的重点 [J]．现代营销（经营版），2020（09）：126-127.

[95] 陈武林．融媒体环境下传统媒体与新媒体的融合发展 [J]．新闻研究导刊，2020，11（15）：253-254.

[96] 吴科．新媒体经济的运营及发展趋势探析 [J]．产业创新研究，2020（14）：97-98.

[97] 卢净．融媒体时代提升政务新媒体影响力研究 [J]．产业科技创新，2020，2（25）：103-104.

[98] 姜春林，王晓萍．基于典型微信公众号的科普计量研究 [J]．科技管理研究，2020，40（02）：252-261.

[99] 叶冲．头部视频平台 Vlog 同质化问题成因及对策 [J]．北方传媒研究，2021（01）：23-25.